中华人民共和国行业推荐性标准

# 公路缆索结构体系桥梁养护技术规范

Technical Specifications for Maintenance of Highway Cable-supported Bridge

JTG/T 5122—2021

主编单位：交通运输部公路科学研究院
　　　　　中交公路规划设计院有限公司
批准部门：中华人民共和国交通运输部
实施日期：2022 年 04 月 01 日

人民交通出版社股份有限公司
北　京

## 律师声明

本书所有文字、数据、图像、版式设计、插图等均受中华人民共和国宪法和著作权法保护。未经人民交通出版社股份有限公司同意，任何单位、组织、个人不得以任何方式对本作品进行全部或局部的复制、转载、出版或变相出版。

本书扉页前加印有人民交通出版社股份有限公司专用防伪纸。任何侵犯本书权益的行为，人民交通出版社股份有限公司将依法追究其法律责任。

有奖举报电话：(010) 85285150

北京市星河律师事务所
2020 年 6 月 30 日

**图书在版编目（CIP）数据**

公路缆索结构体系桥梁养护技术规范：JTG/T 5122—2021 / 交通运输部公路科学研究院，中交公路规划设计院有限公司主编. — 北京：人民交通出版社股份有限公司，2021.12

ISBN 978-7-114-17764-4

Ⅰ.①公… Ⅱ.①交… ②中… Ⅲ.①悬索桥—公路桥—保养—技术规范—中国 Ⅳ.①U448.145.7-65

中国版本图书馆 CIP 数据核字（2021）第 256108 号

标准类型：中华人民共和国行业推荐性标准
标准名称：**公路缆索结构体系桥梁养护技术规范**
标准编号：JTG/T 5122—2021
主编单位：交通运输部公路科学研究院
　　　　　中交公路规划设计院有限公司
责任编辑：周佳楠
责任校对：孙国靖　宋佳时
责任印制：张　凯
出版发行：人民交通出版社股份有限公司
地　　址：(100011) 北京市朝阳区安定门外外馆斜街 3 号
网　　址：http://www.ccpcl.com.cn
销售电话：(010) 59757973
总 经 销：人民交通出版社股份有限公司发行部
经　　销：各地新华书店
印　　刷：北京市密东印刷有限公司
开　　本：880×1230　1/16
印　　张：7
字　　数：176 千
版　　次：2021 年 12 月　第 1 版
印　　次：2021 年 12 月　第 1 次印刷
书　　号：ISBN 978-7-114-17764-4
定　　价：60.00 元

（有印刷、装订质量问题的图书，由本公司负责调换）

# 中华人民共和国交通运输部

# 公 告

第 75 号

## 交通运输部关于发布《公路缆索结构体系桥梁养护技术规范》的公告

现发布《公路缆索结构体系桥梁养护技术规范》(JTG/T 5122—2021)，作为公路工程行业推荐性标准，自 2022 年 4 月 1 日起施行。

《公路缆索结构体系桥梁养护技术规范》(JTG/T 5122—2021) 的管理权和解释权归交通运输部，日常解释和管理工作由主编单位交通运输部公路科学研究院负责。

请各有关单位注意在实践中总结经验，及时将发现的问题和修改建议函告交通运输部公路科学研究院（地址：北京市海淀区西土城路 8 号，邮政编码：100088），以便修订时研用。

特此公告。

中华人民共和国交通运输部
2021 年 12 月 3 日

交通运输部办公厅　　　　　　　　　　　　　　2021 年 12 月 6 日印发

# 前 言

根据交通运输部《关于下达 2018 年度公路工程行业标准制修订项目计划的通知》（交公路函〔2018〕244 号）的要求，由交通运输部公路科学研究院和中交公路规划设计院有限公司作为主编单位，承担《公路缆索结构体系桥梁养护技术规范》（JTG/T 5122—2021）（以下简称"本规范"）的制定工作。

本规范遵循"管理规范、决策科学、技术先进、成熟实用"的编制原则，针对公路斜拉桥、悬索桥等缆索结构体系桥梁的结构特点及运营检（监）测情况，在广泛征集、参考、整理国内外缆索结构体系桥梁检查、维修等研究与养护实践经验的基础上，与《公路养护工程管理办法》（交公路发〔2018〕33 号）的规定匹配，细化相关技术要求，建立公路缆索结构体系桥梁规范化的科学养护技术体系。

本规范共包括 9 章和 3 个附录，主要内容为 1 总则，2 术语，3 检查、监测与评定，4 养护策略，5 斜拉桥的养护，6 悬索桥的养护，7 主梁的养护，8 桥面系及附属设施的养护，9 养护技术管理；附录 A 桥梁基本状况卡片，附录 B 规范性检查表格，附录 C 悬索桥主缆的开缆检查方法。

本规范由交通运输部公路科学研究院负责起草第 1 章至第 3 章、第 8 章及附录 A 和附录 B，参与各章；中交公路规划设计院有限公司负责起草第 5 章，参与第 8 章；北京公科固桥技术有限公司负责起草第 4 章、第 6 章及附录 C；中路高科交通检测检验认证有限公司负责起草第 9 章，参与第 3 章；江苏扬子江高速通道管理有限公司参与起草第 3 章、第 6 章；招商局重庆交通科研设计院有限公司负责起草第 7 章，参与第 8 章。

请各有关单位在执行过程中，将发现的问题和意见函告本规范日常管理组，联系人：谢峻（地址：北京市海淀区西土城路 8 号，邮编：100088，电话：010-62079752，电子邮箱：j.xie@rioh.cn），以便修订时参考。

主 编 单 位：交通运输部公路科学研究院
　　　　　　　中交公路规划设计院有限公司
参 编 单 位：北京公科固桥技术有限公司
　　　　　　　中路高科交通检测检验认证有限公司
　　　　　　　江苏扬子江高速通道管理有限公司
　　　　　　　招商局重庆交通科研设计院有限公司

主　　　编：谢　峻
主要参编人员：张劲泉　胡　斌　廖　军　张江威　汪　锋　宿　健
　　　　　　　王晓晶　高文军　张鹏飞　周毅姝　郑晓华

主　　　审：吉　林
参与审查人员：张建军　杨　亮　于　光　李　健　胡钊芳　石大为
　　　　　　　李春风　刘　硕　徐　岳　袁　洪　吴波明　熊　峰
　　　　　　　冯良平　陈艾荣　吴玉刚　张少锦　管义军　吴全友

参 加 人 员：王　灏　陈　杰　郑万山　尹新刚　王润建　李庆择
　　　　　　　孙洪滨　李悦玲　李怀雷

# 目　次

1 总则 ················································································· 1
2 术语 ················································································· 3
3 检查、监测与评定 ································································· 4
　3.1 一般规定 ········································································ 4
　3.2 初始检查 ········································································ 5
　3.3 日常巡查 ········································································ 6
　3.4 经常检查 ········································································ 8
　3.5 定期检查 ······································································· 13
　3.6 特殊检查 ······································································· 20
　3.7 结构监测 ······································································· 23
　3.8 桥梁评定 ······································································· 24
4 养护策略 ············································································ 25
　4.1 一般规定 ······································································· 25
　4.2 斜拉桥的养护对策 ···························································· 27
　4.3 悬索桥的养护对策 ···························································· 29
5 斜拉桥的养护 ······································································ 32
　5.1 斜拉索 ·········································································· 32
　5.2 索塔 ············································································· 40
　5.3 桥墩与基础 ···································································· 44
6 悬索桥的养护 ······································································ 46
　6.1 主缆体系 ······································································· 46
　6.2 索塔 ············································································· 55
　6.3 锚碇与锚梁 ···································································· 56
　6.4 特有附属设施 ································································· 58
7 主梁的养护 ········································································· 60
　7.1 钢主梁 ·········································································· 60
　7.2 混凝土主梁 ···································································· 63
　7.3 钢-混凝土组合、混合结构主梁 ············································ 64
8 桥面系及附属设施的养护 ······················································· 65
　8.1 桥面铺装 ······································································· 65

| | |
|---|---|
| 8.2 护栏 | 66 |
| 8.3 伸缩装置 | 67 |
| 8.4 排水设施 | 68 |
| 8.5 支座 | 70 |
| 8.6 防撞设施 | 71 |
| 8.7 塔梁阻尼器 | 72 |
| 8.8 除湿系统 | 74 |
| 8.9 阴极保护系统 | 76 |
| 8.10 检修平台和通道 | 76 |
| 8.11 结构健康监测系统 | 78 |
| 8.12 其他设施 | 80 |
| 9 养护技术管理 | 81 |
| 9.1 一般规定 | 81 |
| 9.2 养护工程质量 | 81 |
| 9.3 养护作业安全 | 83 |
| 9.4 养护信息化 | 84 |
| 9.5 养护档案 | 86 |
| 附录 A 桥梁基本状况卡片 | 88 |
| 附录 B 规范性检查表格 | 91 |
| 附录 C 悬索桥主缆的开缆检查方法 | 95 |
| 本规范用词用语说明 | 102 |

# 1 总则

**1.0.1** 为规范公路缆索结构体系桥梁养护工作，提高养护技术水平与运营安全保障水平，制定本规范。

**1.0.2** 本规范适用于公路斜拉桥与悬索桥的养护工作。公铁两用斜拉桥和悬索桥的公路部分可参照本规范的规定执行。

**1.0.3** 公路缆索结构体系桥梁养护工作应贯彻"规划指导、预防为主、防治结合、精细严密"的方针，保障桥梁的安全性、耐久性与行车舒适性。

**条文说明**

缆索结构体系桥梁具有跨径大，结构整体刚度小、变形大，易损构件多，结构复杂，运维成本高等特点。一些重要的承重构件一旦损坏很难维修和更换，因此此类桥梁养护工作的科学合理性直接决定了桥梁的使用寿命和养护成本。现有经验表明，在科学的养护规划指导下，采用预防为主、防治结合的策略，建立严密的检查、监测体系并结合精细化的日常养护和及时的养护工程，是保障此类桥梁保持结构安全、降低全寿命周期使用成本的有效途径。

**1.0.4** 根据养护目的，公路缆索结构体系桥梁的养护工程可分为预防养护、修复养护和应急养护。

**条文说明**

根据《公路养护工程管理办法》（交公路发〔2018〕33号），养护工程包括预防养护、修复养护、专项养护和应急养护。专项养护主要是针对阶段性重点工作而集中实施的特定整治项目，其具体内容多由修复养护涵盖，故本规范不作具体规定。

**1.0.5** 公路缆索结构体系桥梁的养护宜采用经过实践验证的"四新技术"。

**1.0.6** 公路缆索结构体系桥梁养护除应符合本规范的规定外，尚应符合国家和行业现行有关标准的规定。

**条文说明**

对缆索结构体系桥梁相关钢主梁、钢桥面铺装的养护技术要求，除与缆索构造相关的内容外，其他内容见《公路钢结构桥梁养护技术规范》。附属设施除缆索结构体系桥梁特有的构件或相关特殊要求外，其他内容见现行《公路桥涵养护规范》（JTG 5120）。

## 2　术语

**2.0.1**　缆索结构体系桥梁　cable-supported bridge
由塔、梁和缆索组合承重的一类桥梁，其中缆索为主要承载结构。

**2.0.2**　桥梁预防养护　bridge preventive maintenance
桥梁整体性能良好但有轻微病害，为延缓性能过快衰减、延长使用寿命而预先采取的主动防护工程。

**2.0.3**　桥梁修复养护　bridge repair maintenance
桥梁出现明显病害或部分丧失服务功能，为恢复技术状况而进行的功能性、结构性修复或定期更换，包括大修、中修及小修。

**2.0.4**　桥梁应急养护　bridge emergency maintenance
由于突发情况造成桥梁损毁、中断或产生重大安全隐患后，为较快恢复桥梁安全通行能力而实施的临时性抢通、保通与抢修。是一种临时保证可通行性的养护措施。

**2.0.5**　桥梁加固改造　bridge retrofit
采用结构性加固、更换主要承重构件或改变桥梁结构形式等方法，改善结构技术状态和使用功能的桥梁维修方式。

# 3 检查、监测与评定

## 3.1 一般规定

**3.1.1** 缆索结构体系桥梁的检查应分为初始检查、日常巡查、经常检查、定期检查和特殊检查。

**条文说明**

缆索结构体系桥梁主体结构的设计使用年限一般不小于100年，且结构复杂、部（构）件众多。对新建成投入使用的缆索结构体系桥梁，准确掌握其初始状态及与设计的符合度非常重要；对一些已投入使用，但未在初期开展足够的全面深入检查工作从而影响到准确判断桥梁状态变化趋势和程度的缆索结构体系桥梁，通过检查确立桥梁的技术状态基准的需求更为迫切。基于以上原因，增设初始检查。

**3.1.2** 缆索结构体系桥梁的各类检查应根据不同部件的重要性、养护难度和易损性并结合桥梁使用年限及桥梁技术状况评定结果，分别对检查的项目、方法和频率进行规定。特殊设计或不在现行标准范围内的桥梁构件，应在初始检查前依据设计文件明确检查指标、方法与评定标准。

**条文说明**

公路斜拉桥、悬索桥各部件的易损性、可更换性、设计使用年限均不同，检查采用全桥统一的规定并不符合实际情况，养护单位执行起来也有相当难度。因此，根据不同部件的重要性、桥梁养护工作开展的难度、易损周期和部（构）件的当前技术状况等因素以及不同的检查类型，采用不同的检查项目、检查方法和频率，详见本规范各类检查的条文规定。另外，对某些特殊设计的桥梁构件诸如阻尼器、减振器、大型支承装置、伸缩装置和刚性铰等，现有标准往往不能涵盖，所以在初始检查前依据设计文件会同设计单位、生产厂商明确检查方法和性能指标、评定标准，并形成正式文件作为后续检查和评价的依据，也是一项必要的工作。

**3.1.3** 桥梁结构健康监测的结果应与桥梁的经常检查、定期检查与特殊检查相互补充、相互验证。

**3.1.4** 缆索结构体系桥梁的评定应包括技术状况评定和适应性评定。

**条文说明**

公路斜拉桥、悬索桥采用相关规范对技术状况进行评定。适应性评定包括承载能力评定、通行能力评定、抗灾害能力评定和耐久性评定等，详见本规范第3.8节。

## 3.2 初始检查

**3.2.1** 缆索结构体系桥梁的初始检查应符合下列规定：

1 新建或加固改造交工后的缆索结构体系桥梁应进行初始检查并建立初始状态档案，初始档案的建立最迟不应超过交工使用后1年。

2 当竣（交）工验收资料中已经包括本规范第3.2.2条规定的检查项目或参数的实测数据时，经确认后可直接引用。

3 未进行过初始检查的在役桥梁，应按初始检查的范围和深度开展检查，根据结构现状、竣（交）工资料及历年的检查资料追溯桥梁交工时的初始状态并形成正式确认文件。经论证因不具备条件无法追溯到交工时桥梁状态的，可采用桥梁现状作为初始状态。

4 缆索结构体系桥梁加固改造交工后的初始检查应针对各项参数做好状态变更后的数据衔接与比对。

5 主要承重构件尺寸、桥面铺装层厚度的检测频率可按现行《公路工程质量检验评定标准 第一册 土建工程》（JTG F80/1）的规定选取。

6 初始检查应按本规范第3.5.3条的要求设置永久观测点。

**条文说明**

初始检查的目的是建立桥梁结构的基准状态，作为后续检查、养护工作的结构状态起点，其准确性对于结构运营状态的判断具有重要意义。鉴于缆索结构体系桥梁初始检查的重要性、复杂性和时效性，初始检查要全面、系统并择机实施，尽量获得桥梁交工后、投入运营前的真实初始状态，而不是运营一段时间后的甚至是经过维修处理的状态数据。通常情况下，斜拉桥、悬索桥等缆索结构体系桥梁投入运营前进行的交工验收荷载试验及相关检测内容比较全面、深入，初始检查能与交工检测同步进行将有利于提高工作效率和数据的原始性。对使用多年、尚未进行初始检测或使用过程中因结构严重病害进行大修或改造的情况，也要尽快建立或重新标定初始状态。

加固改造实施前、过程中及验收后要注意并保持诸如索力、线形、位移和结构内力等数据的连贯可测性。

**3.2.2** 缆索结构体系桥梁的初始检查应包括下列内容：

1 本规范第 3.5 节定期检查需测定的所有项目。
2 桥梁总体尺寸，主要包括桥梁长度、桥宽、净空、跨径、塔高等。
3 桥梁构件尺寸，主要包括构件长度与截面尺寸等。
4 伸缩缝宽度、塔梁阻尼器规格型号及长度、支座规格型号及位置。
5 桥面铺装层厚度。
6 桥梁材质强度、混凝土结构的钢筋保护层厚度、钢结构涂层厚度。
7 拉（吊）索索力及主缆索股力。
8 悬索桥索夹螺杆轴力。
9 桥梁结构控制截面的应变、挠度等静力参数；桥梁结构的频率、振型、冲击系数、阻尼比等动力参数。
10 水中基础水下检测，包括结构状况和河床情况。

**条文说明**

1 定期检查项目中桥梁初始线形、位移（含测量时的温度、湿度）等数据（如主塔偏位、锚碇永久观测点坐标、主梁和主缆线形、支座和伸缩缝位移等）是重点数据。

7 采用弦振法检测索力时，还要提供识别的基频、计算索长和材料相对质量等参数，以便后期核查。

9 本款的静力、动力参数由荷载试验获取。

**3.2.3** 初始检查后应形成初始档案，并包括下列内容：
1 桥梁基本状况卡片（附录 A）、桥梁初始检查记录表（表 B-1）。
2 典型缺损和病害的照片、文字说明及缺损分布图。缺损状况的描述应采用专业标准术语，说明缺损的部位、类型、性质、范围、数量和程度等。
3 总体照片，应包括桥面正面，上游侧立面和下游侧立面三张。桥梁加固改造后应重新拍照，并标注清楚。
4 本规范第 3.2.2 条规定的检查内容的成果。
5 桥梁材质状况与状态参数、桥梁技术状况等级、荷载试验验证的承载能力状态及设计符合性评估结论等。

**3.2.4** 应按"一桥一档"的要求，建立纸质桥梁初始档案，并宜推进信息化技术，对初始档案实现数字化管理。

## 3.3 日常巡查

**3.3.1** 日常巡查宜分为日巡查和夜巡查，其检查频率和要求应符合表 3.3.1 的规定，检查项目可根据桥梁实际进行选择。

表 3.3.1　日常巡查的检查频率与要求

| 类　型 | 频　率 | 检查项目 | 检查要求 |
|---|---|---|---|
| 日巡查 | 1次/日 | 斜拉桥斜拉索 | 是否有明显扭曲、振动异常、挂冰、外置阻尼器松脱、破损 |
| | | 悬索桥主缆 | 是否有振动异常、挂冰、线形最低点处是否渗、流水 |
| | | 悬索桥吊杆（索、绳） | 是否有振动异常，减振架是否移动、滑落 |
| | | 主梁 | 是否有线形异常、振动异常 |
| | | 索塔 | 是否有大面积破损、混凝土剥落、明显倾斜与变形 |
| | | 桥面铺装 | 是否有影响行车的明显病害或障碍物 |
| | | 伸缩装置 | 是否有填塞、破损，型钢或梳齿断裂，过车异响和明显跳车 |
| | | 桥面排水 | 是否有桥面积水（下雨天重点检查） |
| | | 护栏/栏杆 | 是否完好 |
| | | 交通标志、标线与轮廓标 | 是否清晰、完好 |
| | | 照明系统 | 是否完好（灯杆竖直，灯具无缺失、稳固） |
| | | 桥梁健康监测软件子系统 | 是否工作正常，有无预警信息 |
| | | 机电系统（供配电、除湿、健康监测硬件子系统） | 是否工作运转正常 |
| 夜巡查 | 1次/周 | 交通标志 | 是否夜晚发光或反光正常 |
| | | 标线和轮廓标志 | 是否发光或反光正常 |
| | | 照明系统 | 是否发光正常 |
| | | 行车道 | 是否有影响行车的障碍物 |
| | | 防眩设施 | 是否有效消除汽车前照灯夜间眩光 |

**条文说明**

日常巡查的目的是及时发现目视清晰可见的桥梁各构件及附属设施的明显损伤或功能异常等情况，及时了解各部件及设施的安全运营情况，及早发现可能出现的突发事件，为经常检查、定期检查和特殊检查提供依据。日巡查主要观察可清晰目视范围内桥梁部件、构件及桥面有无明显病害或功能异常，以桥面及以上部件、构件为主。夜巡查以观察照明系统及交通标志、标线、防眩板等的完好状况及功能是否正常为主。日常巡查以日巡查为主，结合桥梁构造、通行实际情况适当增加夜巡查。巡查只需确定桥梁构造物有无明显病害，不作详细检查。

斜拉索异常振动的情况为：

1）巡查或检查中，斜拉索有目视可见的异常振动。

2）风雨天气下，拉索振幅显著增大，剧烈摆动，或伴有波状驰振。

3）索力监测中，斜拉索振动加速度均方根显著增大。

斜拉索振动加速度均方根 $x_{\text{RMS}}$，计算公式见式（3-1）：

$$x_{\text{RMS}} = \sqrt{\frac{1}{N}\sum_{i=1}^{n} x_i^2} = \sqrt{\frac{x_1^2 + x_2^2 + \cdots + x_n^2}{N}} \qquad (3-1)$$

式中：$x_i$——第 $i$ 个采样点的加速度值，$i = 1，2，3，\cdots，n$；

$N$——振动加速度的采样点数。

在振动监测领域，振动加速度均方根通常用来反映振动的强度，其值越大，表明结构振动程度越激烈。目前拉索振动加速度均方根限值尚无统一规定，和拉索的规格与形式有关。在长期监测中，结合常规情况的数据水平，看振动加速度均方根值有没有异常增大，以此判断是否存在异常振动。

**3.3.2** 对恶劣天气条件下或受到严重损伤后仍维持通车的桥梁，应根据其应急预案的要求增加巡查频率。

**条文说明**

恶劣天气包括严寒、高强度风雨雪等，可能会在较短时间内形成桥面结冰，塔柱、拉（吊）索、主缆挂冰，桥面大范围积水等危及行车安全的情况。桥梁严重受损多来自车或船撞击、火灾、爆炸等偶发事件。

**3.3.3** 日常巡查应以目测为主，配以必要的影像记录等工具，并现场填写日常巡查检查表（表B-2）。填表时应记录巡查时间、温度、天气状况、风力、能见度等环境信息，发现明显缺损应进行拍照并及时上报处理。条件具备时可采用电子巡查。

**条文说明**

非电子巡查的日常巡查以乘车巡查为主，结合徒步巡查。

**3.3.4** 巡查记录应每月进行汇总归档。

## 3.4 经常检查

**3.4.1** 经常检查的检查频率和要求应符合下列规定：

1 经常检查应抵近目测并结合辅助工具对结构表观状况进行规定频率的全面检查，应遵循全面、系统和有序的原则，防止漏项，应符合表 3.4.1-1 和表 3.4.1-2 的要求。

2 经常检查应对前一次定期检查发现的重要病害的发展情况进行重点跟踪检查。

3 经常检查频率每月不应少于 1 次。单孔跨径大于 200m 的斜拉桥和自锚式悬索桥、单孔跨径大于 400m 的地锚式悬索桥宜符合表 3.4.1-3 和表 3.4.1-4 的规定，并采用循环检查的方式在规定的周期内完成。

4 在洪水、台风、冰冻等自然灾害频发期，应提高经常检查频率。

5 对尚未开展技术状况评定的桥梁，可按表3.4.1-3和表3.4.1-4中2类部件的频率进行。

6 可结合桥梁或构件的使用年限、地域环境情况、功能与材料情况、安全风险或病害发展速度等情况提高或降低一级检查频率。

7 对安装有避雷设施的桥梁，应依据所在地域的实际气候状况，规定经常检查频率，避免雷电对桥梁结构及相关设施的损害。

**表3.4.1-1　斜拉桥经常检查要求**

| 部件 | 检查部位 | 检查要求 |
|---|---|---|
| 拉索 | 索体及护套 | 是否有扭曲、异常振动、防护破损、老化 |
| | 拉索外置阻尼器 | 是否有锈蚀、漏油、松动、脱落失效 |
| | 拉索下锚头 | 是否有锈蚀、漏油、渗水、锚头周围混凝土开裂、钢护筒与索套管连接处密封失效 |
| | 拉索上锚头 | |
| 主梁 | 钢箱梁内表面、桁梁可视部位 | 是否有涂层粉化、起泡、脱落、裂纹；结构表面裂缝、焊缝开裂、高强度螺栓锈蚀、松动或缺失；构件局部异常变形；内部水迹或积水 |
| | 混凝土箱梁内部 | 是否有开裂、露筋、钢筋锈胀；箱梁内积水 |
| | 梁体底面及侧面 | 是否有钢-混凝土组合梁结合面脱开；混凝土梁板开裂、破损；钢梁板涂层破损 |
| | 索锚固构造 | 是否有积水，钢构件涂层劣化、剥落；结构锈蚀、焊缝裂纹、螺栓松脱断裂；混凝土开裂、破损 |
| | 梁内机电、照明系统 | 是否有运行不正常的情况 |
| | 除湿系统 | 安装除湿系统的主梁，除湿系统是否工作正常，其空气湿度是否满足设计要求 |
| 索塔 | 钢塔体内部 | 同本表中的主梁钢箱梁内表面 |
| | 混凝土塔体内部 | 同本表中的主梁混凝土箱梁内部 |
| | 索塔根部 | 是否有劣化、破损；裂缝、渗水、表面风化或冲刷剥落、露筋、空洞、钢筋锈蚀和防腐涂装脱落（钢塔）；连接是否完好（钢塔） |
| | 索锚固构造 | 是否有钢构件涂层劣化、剥落；结构锈蚀、变形；焊缝裂纹、螺栓松脱断裂；混凝土开裂、破损 |
| | 塔内检修通道 | 是否有涂层劣化；结构锈蚀、断裂；构件缺失 |
| | 塔内机电、照明系统 | 是否有运行不正常的情况；电梯是否在国家强检有效期内 |
| | 除湿系统 | 安装除湿系统的索塔，除湿系统是否工作正常，塔内空气湿度是否满足设计要求 |
| 桥面系与附属设施 | 桥面铺装 | 是否有修补不良、污染；沥青坑槽、开裂、车辙、拥包、混凝土破碎、裂缝、露骨等病害 |
| | 桥面排水 | 是否有泄水孔堵塞、集中排水管破损、管节脱落 |

续表 3.4.1-1

| 部 件 | 检查部位 | 检查要求 |
|---|---|---|
| 桥面系与附属设施 | 伸缩装置 | 是否有填塞、密封橡胶老化破损，型钢或梳齿断裂、缺失，梳齿板伸缩装置螺栓松动、脱落，横梁与支撑松动、异常变形；滑动部件脱落，磨损；底部钢构件锈蚀；过车异响 |
| | 支座 | 是否有异常位移、错位、变形、脱空等现象；支座钢构件锈蚀、裂缝、变形；滑动面磨损；固定螺栓剪断、螺母松动、锈蚀；防尘罩破损；垫石破损 |
| | 检查车及其轨道 | 是否有运行不正常的情况，涂层劣化、破损，钢结构锈蚀与异常变形，螺栓松脱、锈蚀 |
| | 塔梁阻尼器 | 是否有漏油，螺栓松脱断裂；行程异常；涂层劣化、破损 |
| | 栏杆、护栏、风障 | 是否有破损、变形、锈蚀；构件缺失、移动或错位，栏杆、护栏底部固定连接破损 |
| | 其他 | 按现行《公路桥涵养护规范》(JTG 5120) 检查 |

**表 3.4.1-2　悬索桥经常检查要求**

| 部 件 | 检查部位 | | 检查要求 |
|---|---|---|---|
| 主缆体系 | 缆体 | I | 是否有防护层上表面破损，主缆与索鞍是否有相对滑移 |
| | | II | 是否有主缆最低点渗水，主缆索跨过索鞍部分索股钢丝是否有挤扁现象 |
| | | III | 安装除湿系统的主缆，系统工作是否正常，主缆排气口湿度是否满足要求 |
| | 缆套 | | 是否有破损、老化、接缝处渗漏水 |
| | 索夹 | | 是否有松动和明显的滑移痕迹，填缝是否完好，是否锈蚀 |
| | 吊索 | | 是否有异常振动、防护破损、锚头渗水、销轴磨损或卡死 |
| | 索鞍 | | 是否有异常的位移、卡死、辊轴歪斜；构件锈蚀、破损；鞍座混凝土开裂 |
| | 鞍室 | I | 是否有密封不严、构件破损 |
| | | II | 安装除湿系统的鞍室，系统工作是否正常，室内空气湿度是否满足设计要求 |
| | 锚碇（梁）内索股 | | 是否有涂层劣化、破损；索股钢丝锈蚀、断裂 |
| | 索股锚固体系 | | 是否有锚杆异常拔动、滑移；锚固拉杆涂层劣化、破损；预应力锚头锈蚀、漏油、渗水、锚头周围混凝土开裂 |
| | 扶手绳及立柱 | | 是否有涂层劣化、破损；绳体锈蚀、断裂；立柱固定扶手绳位置及底部固定连接是否稳固有效，立柱是否歪斜倾倒 |

续表 3.4.1-2

| 部　件 | 检查部位 | | 检　查　要　求 |
|---|---|---|---|
| 锚碇（梁） | 锚室 | Ⅰ | 是否有积水；混凝土开裂，露筋、空洞和钢筋锈蚀；锚室接缝或裂缝渗漏水 |
| | | Ⅱ | 是否有目视可见的整体沉降与位移 |
| | | Ⅲ | 安装除湿系统的锚室，系统工作是否正常，室内空气湿度是否满足设计要求 |
| | 室内机电、照明系统 | | 是否有运行不正常的情况 |
| | 其他 | | 按现行《公路桥涵养护规范》（JTG 5120）检查 |

注：自锚式悬索桥主缆体系、散索套等同本表中的主缆体系和锚碇鞍室。主塔、主梁和桥面系同表 3.4.1-1 斜拉桥。

**表 3.4.1-3　斜拉桥经常检查频率要求**

| 部　件 | 检查部位 | 技术状况等级 | | | |
|---|---|---|---|---|---|
| | | 1 类 | 2 类 | 3 类 | 4 类及以上 |
| 斜拉索 | 索体及护套 | 1 次/4 月 | 1 次/3 月 | 1 次/2 月 | 1 次/月 |
| | 拉索外置阻尼器 | 1 次/4 月 | 1 次/3 月 | 1 次/2 月 | 1 次/月 |
| | 拉索下锚头 | 1 次/4 月 | 1 次/3 月 | 1 次/2 月 | 1 次/月 |
| | 拉索上锚头 | 1 次/6 月 | 1 次/4 月 | 1 次/2 月 | 1 次/月 |
| 主梁 | 钢箱梁内表面、桁梁可视部位 | 1 次/4 月 | 1 次/3 月 | 1 次/2 月 | 1 次/月 |
| | 混凝土箱梁内部 | 1 次/4 月 | 1 次/3 月 | 1 次/2 月 | 1 次/月 |
| | 梁体底面及侧面 | 1 次/4 月 | 1 次/3 月 | 1 次/2 月 | 1 次/月 |
| | 索锚固构造 | 1 次/6 月 | 1 次/3 月 | 1 次/2 月 | 1 次/月 |
| | 梁内机电、照明系统 | 1 次/4 月 | 1 次/3 月 | 1 次/2 月 | 1 次/月 |
| 索塔 | 钢塔体内部 | 1 次/4 月 | 1 次/2 月 | 1 次/月 | 1 次/月 |
| | 混凝土塔体内部 | 1 次/6 月 | 1 次/4 月 | 1 次/2 月 | 1 次/月 |
| | 索塔根部 | 1 次/6 月 | 1 次/4 月 | 1 次/2 月 | 1 次/月 |
| | 索锚固构造 | 1 次/6 月 | 1 次/4 月 | 1 次/2 月 | 1 次/月 |
| | 塔内检修通道 | 1 次/6 月 | 1 次/4 月 | 1 次/3 月 | 1 次/月 |
| | 塔内机电、照明系统 | 1 次/4 月 | 1 次/3 月 | 1 次/2 月 | 1 次/月 |
| 其他 | | 1 次/3 月 | | | 1 次/月 |

注：表中"技术状况等级"为按《公路桥梁技术状况评定标准》（JTG/T H21—2011）确定的部件技术等级；对技术状况评定为 4 类及以上但已采取封闭交通措施的桥梁，可根据情况减少检查内容，降低频率或终止检查。表中"其他"包括表 3.4.1-1 所列的"其他"及"桥面系与附属设施"。

表 3.4.1-4 悬索桥经常检查频率要求

| 结构 | 检查部位 | | 技术状况等级 | | | |
|---|---|---|---|---|---|---|
| | | | 1类 | 2类 | 3类 | 4类及以上 |
| 主缆体系 | 缆体 | Ⅰ | 1次/4月 | 1次/3月 | 1次/2月 | 1次/月 |
| | | Ⅱ | 1次/2月 | 1次/月 | 2次/月 | 4次/月 |
| | | Ⅲ | 4次/月 | 4次/月 | 4次/月 | 4次/月 |
| | 缆套 | | 1次/4月 | 1次/3月 | 1次/2月 | 1次/月 |
| | 索夹 | | 1次/4月 | 1次/3月 | 1次/2月 | 1次/月 |
| | 吊索 | | 1次/2月 | 1次/月 | 2次/月 | 4次/月 |
| | 索鞍 | | 1次/4月 | 1次/3月 | 1次/2月 | 1次/月 |
| | 鞍室 | Ⅰ | 1次/4月 | 1次/3月 | 1次/2月 | 1次/月 |
| | | Ⅱ | 4次/月 | 4次/月 | 4次/月 | 4次/月 |
| | 锚碇（梁）内索股 | | 1次/4月 | 1次/3月 | 1次/2月 | 1次/月 |
| | 索股锚固体系 | | 1次/4月 | 1次/3月 | 1次/2月 | 1次/月 |
| | 扶手绳及立柱 | | 1次/12月 | 1次/6月 | 1次/3月 | 1次/月 |
| 锚碇（梁） | 锚室 | Ⅰ | 1次/2月 | 1次/月 | 2次/月 | 4次/月 |
| | | Ⅱ | 1次/12月 | 1次/6月 | 1次/3月 | 1次/月 |
| | | Ⅲ | 4次/月 | 4次/月 | 4次/月 | 4次/月 |
| | 室内机电、照明系统 | | 1次/月 | 1次/月 | 2次/月 | 4次/月 |
| | 其他 | | 1次/3月 | | 1次/月 | |

注：对技术状况评定为4类及以上，但已采取封闭交通措施的桥梁，可根据情况减少检查内容，降低频率或终止检查。主塔、主梁和桥面系等同表3.4.1-3斜拉桥。

**条文说明**

经常检查的目的是对桥梁运营状态进行全面了解，及时发现病害并作出定性判断及时处理。经常检查主要采用目测方法，并辅以简单设备（如望远镜、照相机、摄像机，以及扳手、铲子、锉刀等常用工具）对目视所及的所有桥梁构件进行检查和记录，对不易到达的部位可以借助其他辅助手段进行。

缆索结构体系桥梁存在一些诸如斜拉桥拉索、悬索桥吊杆和索股、钢梁螺栓、护栏等数量繁多、所处环境及其结构和功能相同的部（构）件，以及主梁和索塔等内、外表面积巨大的结构，1个月内无法完成经常检查规定的所有检查项目和内容，考虑到其劣化规律基本一致，采用科学的划分方法在规定周期内进行循环检查并不会加大安全风险，且增强了经常检查的可操作性。如某数量众多的构件经常检查频率为1次/6月，则每月检查该部件中构件的1/6，每次抽检要均匀覆盖不同部位及需要进行病害跟踪检查的部位，依次循环往复。

表3.4.1-1～表3.4.1-4给出了一般情况下经常检查依据构件技术状况等级的检查要求、建议周期。实际上桥梁的劣化和多个因素有关，如随着使用年限的增长，结构状

态劣化的积累可能导致量变到质变的发生，另外也存在特殊的使用条件导致桥梁劣化规律变化的情况，所以本条第 6 款规定了对经常检查频率进行调整的条件要求。

表中其他部分如桥墩、桥台、锥护坡、调治构造物等同普通桥梁。桥梁健康监测系统硬件的检查包括在塔、梁的机电系统范围内。

表 3.4.1-2 将部分检查部位划分为Ⅰ、Ⅱ、Ⅲ类是在考虑检查难易程度、危害性等差异后对该部位病害的分类，也便于在表 3.4.1-4 中根据部件的技术状况等级采取不同的频率。

**3.4.2** 经常检查应现场及时填写桥梁经常检查记录表（表 B-3），不得事后回忆补填。

**条文说明**

现场填写"桥梁经常检查记录表"是及时、准确收集信息的重要保证。

**3.4.3** 当经常检查中发现桥梁重要部件或构件缺损严重时，应及时上报并提出实施定期检查或特殊检查的建议。

## 3.5 定期检查

**3.5.1** 定期检查的检查频率和要求应符合下列规定：

1 缆索结构体系桥梁的定期检查周期应为 1 年。

2 当桥梁部件技术状况为 1 类、2 类时，对部分难以到达或构件数量庞大的部件可采用循环抽检方式，每次抽检比例不应小于总数的 30%，完成一次循环不应超过 3 年。循环抽检的部件与内容宜符合表 3.5.1 的规定。宜在接养时做好各部件 3 年或更短年限循环定检的（部）构件划分，每年依次按比例均匀抽检，检查周期内循环无遗漏。

表 3.5.1 缆索结构体系桥梁循环抽检部件与内容

| 桥 梁 类 型 | 部件与内容 |
| --- | --- |
| 斜拉桥 | 斜拉索外观及上下锚头锚固状况，钢桥面焊缝，钢桁梁节点与钢索塔的螺栓状态 |
| 悬索桥 | 吊杆外观及上下锚头锚固状况，自锚式悬索桥索股锚头状况，主缆索夹螺杆紧固力，钢桥面焊缝状态，钢桁梁节点与钢索塔的螺栓状态、索股锚固系统状态 |

3 当桥梁部件技术状况为 3～5 类时，应对部件进行全面检查，直至其技术状态恢复到 1 类或 2 类。

4 桥梁整体变形、主缆底面外观及水下基础的定期检查可每 2～3 年 1 次。桥梁变形测量应选择一年中相同季节、温度相近、温度稳定的时段进行，测量时宜中断交通。

5 缆索结构体系桥梁应开展耐久性的定期检查。

6 在缆索结构体系桥梁主体结构加固改造前后，应按本规范第3.5.3条的要求进行桥梁变形检查，以保持观测资料的连续性。

**条文说明**

2 根据桥梁的使用年限、交通情况、前一次定期检查的结果、经常检查的情况、结构部位的差异等按桥梁实际情况确定抽检比例。构件抽检时要对所属部件在空间内进行覆盖，如主梁抽三分之一长度的梁段，这些抽检的梁段在桥跨范围内均匀分布，吊杆或拉索还要兼顾上下游的对应性。对使用年限短、技术状况及运营状态比较好的情况，可以取较低的抽检比例，否则要逐步提高抽检比例，缩小循环的年限，直至100%检查。对病害与部位密切相关的情况，采取重点部位高频、次要部位低频的模式，如钢桥面裂纹的循环检查，对重车道、变截面应力幅度变化较大部位等易损区域进行每年一次的全覆盖检查，其余非易损区域按适当比例进行循环覆盖检查。如钢桁梁、钢塔螺栓数量巨大，全面检查难以实现，以最为重要的节点处螺栓状态作为重点检查对象，通过外观观察螺栓有无断裂、锈蚀、缺失，用小锤敲击检查螺栓是否松动。当发现钢桁主梁出现较多螺栓断裂、缺失情况时，为了解螺栓工作状态，必要时采取专项的特殊检查，对高强螺栓终拧扭矩进行检测。

4 桥梁整体变形、主缆底面外观及水下基础均属于定期检查的项目，主缆底面外观病害、水下基础冲刷等在无既有病害的前提下允许采用比较长的检查间隔。桥梁整体变形包括主梁挠度（高程）变化、主缆线形变化、桥塔偏位、塔梁相对位置变化、桥台（锚碇）变位等。从桥梁变形的角度分析，没有严重病害的桥梁运营3年后混凝土收缩徐变大部分完成，变形基本稳定，如技术状态保持良好，运营3年后以3~5年作为一个检查周期是合适的；运营5年以内的非全钢结构缆索桥梁，技术状态保持良好，每2年测一次。水下基础检查一般根据水文环境、地质环境和基础形式决定检测项目、频率及内容，检测周期通常为3~5年一次，若桥梁所处环境存在基础技术状况恶化加快的情况，如水流湍急、河床下切快、基础埋深浅、水质腐蚀强、所处河段采砂等，建议提高检测频率。

5 桥梁耐久性评定的前提是定期检查，鉴于行业规范《公路桥梁耐久性检测评定技术规程》尚未颁布，检测的频率和方法等具体要求在相关规程发布后再符合其规定。

**3.5.2** 定期检查应接近各部件仔细检查其缺损情况，并应符合下列规定：
1 现场校核桥梁基本数据，填写或补充完善桥梁基本状况卡片（附录A）。
2 现场记录各部件缺损状况并绘制主要病害分布图。
3 对桥梁永久观测点进行复核，对桥面高程及线形、变位等检测指标进行控制检测。
4 判断病害原因及影响范围。
5 对主梁、主缆、拉（吊）索进行动力参数测试，并与初始检查和历次结果进行比较分析，收集并统计主梁、主塔、缆索出现风振的时间、持续时长、幅值等资料。

6 进行技术状况及适应性评定，提出养护建议。不在耐久性评定周期的定期检查，只进行技术状况评定。

**3.5.3** 桥梁永久观测点设置及变形检查项目应符合下列规定：

1 缆索结构体系桥梁应设立永久观测点，定期进行控制检查。检查项目与永久观测点布置应符合表 3.5.3 的规定。可根据养护、管理的实际需要，增加相应的控制检查项目。

表 3.5.3 缆索结构体系桥梁永久观测点与变形检查项目

| 项次 | 检查项目 | 永久观测点 |
| --- | --- | --- |
| 1 | 桥面高程 | 布置于单跨 8 分点，每跨每测线不宜少于 9 个点，沿行车道两边（靠缘石处）布设测线，跨中、$L/4$、支点等控制截面必须布设 |
| 2 | 墩、台身、锚碇的变位 | 布置于墩、台身底部（距底面或常水位 0.5~2m），桥台侧墙尾部顶面和锚碇的上、下游两侧，均不少于 2 点 |
| 3 | 索塔的变位、索塔倾斜度 | 每个索塔的顶部、底部（距底面或常水位 0.5~2m 内的）上、下游两侧均不少于 2 点，塔梁交接处纵、横向均不少于 2 点 |
| 4 | 主缆线形 | 布置于单跨 8 分点附近索夹，每跨每缆不宜少于 9 个点，主缆最低点、$L/4$ 和最高点必须布设 |
| 5 | 悬索桥索夹滑移 | 桥塔侧第一对吊杆索夹高端处设滑移观测点 1 点、主塔两侧主缆 $L/4$ 以上位置上、下游索夹各取 1 个螺杆紧固力观测点 |
| 6 | 悬索桥主缆和索鞍相对滑移 | 主索鞍两端、散索鞍入端主缆上设标记环线 1 道 |

2 未设置永久观测点的缆索结构体系桥梁，应在初始检查或定期检查时按规定补设。永久控制点应布设在桥梁主体结构以外的稳定地基上，每座桥不应少于 2 点。

3 永久观测点、永久控制点的设置应牢固可靠，当测点与国家高程控制网成果联测有困难时，应建立相对独立的基准测量系统。基准点或永久观测点有变动时，应及时检测、校准及换算，保持观测数据的有效性和连续性。

4 永久控制点、永久观测点的布设位置图及其基准点位置和初次检查数据，应按要求归档。

5 冲刷量较大、水位变化剧烈时，可设置水尺或标志，观测点应能反映水位和冲刷情况。

**条文说明**

1 标记环线一般在桥梁交养投入使用前或初始检查时绘制，其常见做法为：沿清洁干净的主缆外层钢丝，用油漆距离索鞍边缘 200mm 涂整环，宽度 50mm，并垂直于该处主缆。全桥各处的标记环线在桥梁温度稳定的同一时间段一次作出。

**3.5.4** 桥面系的定期检查应包括下列内容：

1 桥面铺装层纵、横坡是否顺适，有无严重的龟裂、纵横裂缝，有无坑槽、拥包、车辙、拱起、剥落、错台、磨光、泛油、推移、脱皮、露骨、接缝料损坏、桥头跳车及桥面表观错位等现象。

2 伸缩装置是否有异常变形、破损、脱落、漏水、失效、错位，锚固区有无缺陷，是否有明显的跳车与异响；钢构件及螺栓是否松动、锈蚀，焊缝开裂；止水带是否破损；型钢或梳形板之间是否有杂物堵塞；锚固区混凝土是否有损坏、开裂；梳齿与型钢是否断裂、缺失；横梁与支撑是否松动、异常变形，限位装置有无脱落与单侧偏压严重现象，不锈钢滑板有无损坏。

3 栏杆、护栏、风障等功能是否异常，伸缩装置处混凝土护栏钢盖板有无变形、损坏、缺失等。

4 防排水系统是否完好顺畅，泄水管、引水槽有无明显缺陷，桥头排水沟功能是否完好。

5 桥上标志、标线等设施是否功能正常。

**3.5.5** 混凝土主梁的定期检查应包括下列内容：

1 混凝土构件有无开裂、渗水、蜂窝、麻面、剥落、掉角、空洞、孔洞、露筋及钢筋锈蚀。

2 预应力钢束锚固区段混凝土有无开裂，沿预应力筋的混凝土表面有无纵向裂缝；封锚有否破损、锈蚀和渗水。

3 梁体内部有无积水、渗水，通风是否良好。

4 梁体涂层是否破损、剥落。

**条文说明**

缆索结构体系桥梁的混凝土主梁主要为板梁和箱梁。对主梁的内部和外部表观都要检查到，重点关注主梁结构的跨中、支点及变截面处，梁的固接处和斜拉索、吊索吊点部位，预应力齿板与封锚等处混凝土是否开裂、缺损和出现钢筋锈蚀。

作为采用维护性补涂或重涂决策的确立依据，本规范桥梁所有构件防护涂层的劣化评定标准统一采用现行《色漆和清漆 涂层老化的评价 缺陷的数量和大小以及外观均匀变化程度的标识》（GB/T 30789），包括混凝土涂层和钢结构涂层。

**3.5.6** 钢主梁的定期检查应包括下列内容：

1 涂层劣化、破损。
2 焊缝开裂或脱开。
3 螺栓松动、脱落或断裂。
4 构件锈蚀、开裂、局部变形或损伤。
5 钢箱梁内部湿度是否符合要求，除湿设施是否处于正常工作状态。

6 桁梁（架）杆件及节点部位是否有杂物堆积、积水、鸟类粪便等。
7 风荷载或汽车荷载作用时是否有异响。

**条文说明**

缆索结构体系桥梁的钢主梁指采用钢板梁、钢箱梁、钢桁梁和钢桥面的全钢梁，钢结构变形、开裂、锈蚀及连接件是否正常均属检查范围。

钢梁焊缝的检测，因工作量较大，建议定期检查中按一定比例抽检（优先选取应力交变区、应力集中区的焊缝以及现场拼接焊缝），先对焊缝表面涂层进行检测，若发现焊缝开裂或怀疑焊缝开裂经确认后，需加大抽检频率，对焊缝进行详细检测。

拉、压构件和节点板等是否扭曲变形、局部损伤是重要的安全信号。造成构件变形有几种原因：一是施工遗留，二是机械撞击，三是局部受力过大（如压杆失稳）。其中，局部受力过大情况可能危及整个结构的承载能力，在检测中要注意判别。

钢箱梁检查需重点关注风嘴和箱内易积水处的箱梁内、外壁钢板的锈蚀情况，以及钢箱梁应力交变区、应力集中区梁段、转角和槽口部分钢构件上的焊缝与母材的开裂情况。

钢桁主梁要重视螺栓等连接件及节点的检测，因为这些部位易于损坏，节点处易存积雨水、杂物、鸟类粪便等，造成锈蚀，可能引发重大安全问题。

**3.5.7** 钢-混凝土组合结构主梁的定期检查应包括下列内容：
1 按本规范第 3.5.5 条、第 3.5.6 条的规定内容对主梁所含混凝土构件和钢构件进行检查。
2 桥面板与梁的结合部位有无相对滑移、开裂与掀起。
3 预制桥面板之间的接头处混凝土有无开裂、压溃、渗水、错位。
4 缆索与梁板锚固区是否有开裂、缺损和其他异常现象。
5 混凝土梁段与钢梁段结合处构造功能是否正常、结合面有无脱开、渗水、错位、混凝土开裂、承压钢板变形等现象。

**条文说明**

缆索结构体系桥梁的组合结构主梁包括钢和混凝土构件或梁体的组合、混合、叠合等各种形式。

**3.5.8** 斜拉桥主要构件的定期检查应包括下列内容：
1 桥塔有无异常变位，锚固区是否有裂纹、水渍，有无渗水现象。混凝土结构内外表面有无缺损、裂缝、剥落、露筋、钢筋锈蚀。钢结构涂装是否粉化、脱落、起泡、开裂，钢结构是否锈蚀、变形、裂缝；螺栓是否缺失、损坏、松动；钢与混凝土连接是否完好。

2 斜拉索索力有无异常变化，斜拉索线形和振动有无异常；斜拉索外置阻尼器是否完好。

3 斜拉索防护套有无裂缝、鼓包、破损、老化变质，螺旋线有无断裂、缺失。必要时可以打开防护套，检查斜拉索的钢丝涂层劣化、破损、锈蚀及断丝情况。

4 逐个检查锚具及周围锚固区。锚具是否渗水、锈蚀，是否有锈水流出的痕迹，锚固区是否开裂。必要时可以打开锚具后盖抽查锚杯内是否积水、潮湿，防锈油脂是否结块、乳化失效，锚杯是否锈蚀。锚头是否锈蚀、开裂，镦头或夹片是否异常，锚头螺母位置有无异常。

5 主梁的检查按本规范第3.5.5条~第3.5.7条执行。

6 索导管是否脱漆、锈蚀，管内有无积水，导管与斜拉索密封是否可靠，橡胶圈是否老化或严重磨损，橡胶圈固定装置有无损坏，阻尼器有无异常变形、松动、漏油、螺栓缺失、结构脱漆、锈蚀、裂缝。

**条文说明**

1 桥塔变位重点检查和量测塔身是否出现明显倾斜；塔肢是否有明显扭转变形；桥塔各典型截面是否有裂缝。主要对索塔关键受力部位即塔基部、转角部、截面突变部位和塔梁连接部位等进行检查。混凝土索塔裂缝要特别关注塔柱内壁转角处、索锚段及其下方塔壁、塔根部外表、索塔横梁转角处、支座周边。

**3.5.9** 悬索桥主要构件的定期检查应包括下列内容：

1 桥塔有无异常变位；混凝土结构内外表面有无缺损、裂缝、剥落、露筋、钢筋锈蚀；钢结构涂装是否粉化、脱落、起泡、开裂，钢结构内外表面是否锈蚀、变形、裂缝；螺栓是否缺失、损坏、松动；钢与混凝土连接是否完好。

2 主缆线形有无异常变化，主缆索股力是否均匀、有无异常变化。主缆防护及防滑层有无老化、裂缝、起泡、脱落、刮伤、针孔、破损；主缆是否渗水，缠丝有无损伤、锈蚀，必要时可以打开涂层和缠丝，检查索股钢丝有无锈蚀、鼓丝、断丝。主缆和索鞍有无相对滑移，索槽填块有无滑移，索鞍对拉螺杆有无松弛或断裂。锚室内索股是否锈蚀、滴水。主缆扶手绳有无松弛、锈蚀和断丝，扶手绳立柱是否锈蚀，连接是否牢固可靠。

3 主缆除湿系统风管接头部位、索夹及送气、排气罩端部的封缝是否有空气泄漏，主缆内部湿度是否符合要求。

4 吊索索力和振动有无异常变化；吊索防护套有无裂缝、鼓包、破损，必要时可以打开防护套，检查吊索钢丝涂膜有无劣化，钢丝有无锈蚀、断丝，吊索减振架功能是否正常。

5 逐个检查吊索锚头及周围锚固区。锚具是否渗水、锈蚀，是否有锈水流出的痕迹，锚固区是否开裂；必要时可以打开锚具后盖抽查锚杯内是否积水、潮湿，防锈油是否结块、乳化失效，锚杯是否锈蚀；锚头是否锈蚀、开裂，镦头或夹片是否异常，锚头螺母位置有无异常，叉耳销轴有无异响。

6 索夹螺杆有无缺失、损伤、松动；索夹有无错位、滑移；索夹面漆有无起皮脱落；密封填料有无老化、开裂；索夹外观有无裂缝及锈蚀；抽检索夹螺杆紧固力。

7 主梁或加劲梁的检查按本规范第3.5.5条~第3.5.7条执行。

8 主索鞍、散索鞍上座板与下座板有无相对位移、卡死、辊轴歪斜；鞍座螺杆、锚栓有无松动现象；鞍座内密封状况是否良好，除湿设备运行是否正常，温、湿度是否符合要求；索鞍有无锈蚀、裂缝，索鞍涂装有无粉化、裂缝、起泡、脱落。

9 锚碇内、外观有无明显病害，如裂缝、空洞等，锚碇有无沉降、扭转及水平位移；锚室顶板、侧墙表面状况是否完好，锚面有无裂缝、渗水、渗油；锚室内有无渗漏水，是否积水，温、湿度是否符合要求；除湿设备运行是否正常。

10 索股与锚杆或预应力锚固体系连接构件涂层是否完好，有无锈蚀、裂纹。预应力锚固体系索体灌浆或油的防护是否完好。抽查自锚式悬索桥索股锚头、预应力锚固体系锚头防锈油是否干硬、失效、缺少，锚头是否锈蚀、开裂，镦头或夹片是否异常，锚头螺母位置有无异常。

**3.5.10** 支座的定期检查应包括下列内容：

1 支座是否完整、清洁，有无断裂、错位、脱空。滑动支座是否能按设计要求进行滑动，球形支座是否能按设计要求进行转动。

2 橡胶限位支座的橡胶有无腐蚀、开裂、老化、变质、异常变形。球形、盆式支座钢构件有无锈蚀、断裂。各类支座有无异常位移、错位、过大变形、脱空、卡死等现象。防尘罩是否失效，滑动面是否干涩，接触面是否平整、密贴。滑板磨损情况是否符合使用要求。

3 支座垫层是否有锈蚀、翘曲、断裂、积水，支座垫石是否开裂、破损。

4 支座上、下座板固定螺栓是否松动失效、剪断，有无剪切变形，上、下座板（盆）的锈蚀状况；固定螺栓是否被剪断，螺母是否松动、锈蚀等。

5 支座封闭材料是否老化、开裂、脱落；密封装置是否失效。

**3.5.11** 塔梁、墩梁阻尼器的定期检查应包括下列内容：

1 阻尼器外观是否完好、清洁，周围有无杂物堆积。

2 涂装有无粉化、起泡、脱落、裂缝。

3 钢结构有无锈蚀、裂缝。

4 阻尼器有无异常发热、漏油。

5 与主塔、墩及主梁连接、紧固件有无锈蚀、松动、缺失。

6 阻尼器转动销轴是否灵活、是否有卡死的状况。

7 阻尼器的行程是否在设计范围内。

**3.5.12** 桥梁墩台、基础、河床及调治构造物等的定期检查要求应符合现行《公路桥涵养护规范》（JTG 5120）的规定。

**3.5.13** 对定期检查中发现的各种缺损，应在现场将其范围、程度标记清楚。对缆索结构体系桥梁主要部件中严重缺损或存在安全隐患的构件，应作影像记录并附病害状况说明。对难以判断其损坏程度和原因的构件，应提出特殊检查建议。

**3.5.14** 对定期检查后确认需限制交通或关闭的桥梁，应及时报告并提出具体建议。

**3.5.15** 定期检查后应提交定期检查报告，并应包括下列内容：
1 桥梁基本状况卡片（附录A）、桥梁技术状况评定表。
2 典型缺损和病害的照片、文字说明及缺损分布图。缺损状况的描述应采用专业标准术语，说明缺损的部位、类型、性质、范围、数量和程度等。
3 总体照片，应包括桥面正面、上游侧立面和下游侧立面三张。桥梁改建后应重新拍照，并标注清楚。
4 判断病害原因及影响范围，并与历次检查、维修情况进行对比分析，说明病害发展情况。
5 桥梁的技术状况等级。
6 提出养护建议及下次检查时间。

## 3.6 特殊检查

**3.6.1** 特殊检查应根据检测目的、病害情况和性质、检测指标和检查方法，采用仪器设备进行现场测试和其他辅助试验，并依据检查结果对桥梁安全性与适应性进行分析，形成评定结论，提出措施建议。

**3.6.2** 缆索结构体系桥梁存在下列情况时，应实施特殊检查：
1 经常检查或定期检查中存在难以判明损伤原因及程度的构件。
2 拟实施整体受力较大改变的养护工程。
3 突发事件后需对继续安全运营进行判别鉴定。

**条文说明**

3 缆索结构体系桥梁的突发事件主要指地震、洪灾、流冰、凝冻、滑坡、风致振动（主梁的涡振、拉索风雨振等）、火灾、车辆撞击、船舶撞击、有害化学液体污染侵蚀或其他不可预见的自然及人为异常事件等。

**3.6.3** 缆索结构体系桥梁特殊检查可包括下列内容：
1 材料的物理、化学性能及其退化程度。
2 结构的强度、刚度和稳定性。
3 结构功能。

**3.6.4** 实施特殊检查前，应充分收集桥梁设计资料、竣（交）工资料、材料试验报告、施工资料、历次检查报告及维修资料等，并现场复核。

**3.6.5** 实施特殊检查前，应明确检查方法和检测指标判别标准，对尚未颁布检测规程的方法，应进行论证后方可专项使用。

**3.6.6** 缆索结构体系桥梁的特殊检查应符合下列规定：
1 主缆内部状况检查方法宜符合本规范附录 C 的规定。
2 索夹螺杆轴力检查选取的索夹螺杆应包括靠近主塔、1/4 跨附近和跨中的吊索，在主塔至 1/4 跨区域不得少于测试螺杆总数的 50%。
3 拉（吊）索内部检查应明确断丝和锈蚀造成的截面损失。
4 地震震动及风致振动发生后，除进行外观检查外，还应对结构模态的变化进行检测与评估。
5 墩台存在洪水冲刷风险时，应在每年汛期前后对主塔承台、墩台、调治构造物、防护工程的完好性进行及时、详细的检查。
6 桥面发生突发事件时，应针对火灾、撞击、化学物质泄漏等不同事件对关联构件产生的影响进行及时的检查评估。其中，拉（吊）索检查要求应符合表 3.6.6 的规定。

表 3.6.6 拉（吊）索检查要求

| 总 体 要 求 |
|---|
| 1. 测量损伤拉（吊）索两侧、横桥向同位置拉（吊）索索力变化情况，条件允许时测量全部索力。
2. 测量损伤位置附近的主梁高程变化情况，是否有明显下挠或构件变形。
3. 拉（吊）索损坏严重时，应进一步查看斜拉索、吊杆的钢丝损伤情况，必要时应取样进行材料性能试验，确定具体的损伤程度 |

| 损伤成因 | 检查要点 |
|---|---|
| 火灾 | 检查火灾位置附近全部拉（吊）索，包括：<br>1. PE（聚乙烯）护套是否熏黑、融化、开裂；<br>2. 钢丝是否裸露、熏黑、烧断、损伤；<br>3. 是否有断索可能等；<br>4. 拉（吊）索过火时间 |
| 撞击 | 检查撞击位置附近全部拉（吊）索，包括：<br>1. PE 护套是否有划痕、缺口、开裂等；<br>2. 钢丝是否裸露、断裂、损伤；<br>3. 上下锚固端是否松动、开裂；<br>4. 拉（吊）索线形是否扭曲、偏离原先位置 |
| 严重腐蚀 | 检查遭受腐蚀的全部拉（吊）索，包括：<br>1. PE 护套是否软化、溶解、脱落；<br>2. 拉（吊）索锚头、护套等钢构件，是否溶解、腐蚀；<br>3. 钢丝是否腐蚀、断裂；<br>4. 是否有断索可能等 |

7 船舶等大漂浮物撞击后应立即进行检查，评估被撞部位及整体的外观与内部损伤对结构安全的影响。

8 各类自然及人为突发事件发生后，除应及时进行特殊检查外，还宜根据实际情况进行延续一段时间的检查与监测。

**条文说明**

2 索夹螺杆轴力在进入运营期后，会因车辆等荷载引起的缆索体系受力及线形变化、主缆内镀锌钢丝受压蠕变或重新排列等原因持续下降，其损失最终将会导致索夹松动甚至滑移。索夹滑移会导致缆索结构体系受力的重新分配，引起主体结构线形变化、降低滑移处主缆密封性等病害，对悬索桥的结构受力安全带来严重影响。目前有现场拉拔或超声无损检测技术等测试方法。

3 拉（吊）索在使用过程中会出现不同程度的锈蚀甚至断丝，除开窗目测方法外还需利用无损检测技术检测断面损失，判断拉（吊）索内部损伤。

4 地震过后的外观检查：梁段之间的接缝是否完好；根据地震过程中位移监测值，分析梁端的纵、横向位移是否超过限值；各锚固点是否偏离原位或遭到损坏；根据地震过程中位移监测值，分析各支座与阻尼器是否偏离原位，并检查其是否遭到损坏；伸缩装置是否断裂；斜拉索索身、吊杆及其和主塔、主梁的连接是否完好；提取地震过程中斜拉索索力、吊杆索力的健康监测值，分析拉索索力是否异常；主塔身有无损坏，塔顶纵、横向位移是否超过限值；桥墩有无裂缝或脆性剪切破坏；基础有无损坏，地基是否完好；照明线路及其他用电设施是否完好；防震设施是否损坏。

大风过后的外观检查：对主塔塔顶偏位进行观测并对记录进行分析，确定主塔有无不可恢复的偏位。斜拉索、吊杆护套有无损坏，拉索或吊杆有无扭曲、变形、断丝，阻尼器是否完好。支座是否处于正常位置和完好状态。钢箱梁主要部位焊缝、风嘴、主梁与斜拉索连接处周围等部位是否有裂缝或较大的变形。桥面、伸缩装置、栏杆、护栏、风障等桥面系构件是否完好，是否有不可恢复的变形。桥上各种附加电器，诸如路灯、景观照明灯、塔内照明设施、箱内照明设施、航空障碍灯、航标灯、避雷针及设施、安全监测系统及安全标志等是否完好、有效。

由于地震和风导致的结构大幅振动都需要通过耗能来保护结构安全并最终止振，因此其结构的边界条件、结构阻尼会在往复的振动形变中发生较大变化，及时对结构的频率、振型与阻尼比进行测定，明确结构动力性能变化，采取对应措施，十分重要。

5 汛期前的检查：主要对桥梁墩台基础冲蚀、河床变化、河道变迁、流量等情况进行了解，检查主塔承台、墩台、调治构造物、防护工程等的作用是否正常，防护设备数量是否足够。洪水过后主要检查：排水设施是否畅通，桥墩基础、下塔柱、主塔承台、河床和冲刷防护工程是否出现磨损、倾斜、冲刷。依据洪水期间记录的沉降监测值，分析墩台基础及主塔基础有无发生沉降。

6 行驶在桥上的车辆或如运载化学物的车辆发生意外等，引起火灾、撞击和腐蚀，灾后的主要检查：火灾影响范围内的桥面铺装是否有严重损坏，伸缩装置是否受损。火灾或撞击影响范围内的主梁是否完好，各根斜拉索、吊杆或主缆及其有关连接件是否受损。根据大火或撞击期间健康监测记录的斜拉索、吊杆索力值，分析斜拉索、吊杆索力有无变化。查看桥面中央分隔带或其他部位的通信及照明管线、安全监测系统等是否有效。有害化学液体污染桥面和拉（吊）索时，先要查清其化学成分，使用合适的清洗剂及时清洁，以免桥面及拉（吊）索腐蚀。

7 船舶等大漂浮物撞击后的检查：先调查肇事船只或大漂浮物的吨位、撞击速度、方向和高度、撞击部位破损情况，估算撞击力的大小。有条件时利用布设在塔底和墩底的三向加速度传感器记录的撞击历程，并根据估算的撞击力对桥梁墩台及防撞设施结构进行空间分析，判断结构有无功能降低的迹象。外观检查时要查看防撞设施是否有配置物脱落、损坏；防撞设施的结构是否变形、破裂；斜拉索、吊杆与主梁的连接构造之间有无裂缝，斜拉索主梁锚固区有无裂缝，塔端钢锚箱有无异常变形、裂缝；伸缩装置有无损坏；桥墩表面是否有损伤，目视观察受撞部位的损伤状况；混凝土表层有无破碎和开裂，是否有构造钢筋或受力钢筋暴露出来。用无损探伤仪器对被撞区域进行无损探伤，判断混凝土内部是否产生损伤。测定主塔墩动力特性的变化，所测频率的阶次尽可能高，结合相应振型来判断主塔墩受撞后的损伤程度。

**3.6.7** 特殊检查报告应包括下列内容：
1 桥梁基本状况信息。
2 特殊检查的总体情况概述，包括桥梁的基本情况、检测的组织、时间、背景、目的和工作过程等。
3 现场调查、检测与试验项目及方法的说明。
4 详细描述检测部位的损坏程度并分析原因。
5 桥梁结构特殊检查评定结果。
6 对结构部件和总体的维修、加固或改建的建议。

## 3.7 结构监测

**3.7.1** 桥梁结构健康监测系统设计与监测项目的选择应结合桥梁实际，满足实时掌握桥梁结构动、静力状态与运营安全状态，有效应对桥梁特定突发事件的要求。

**条文说明**

桥梁特定突发事件指考虑桥梁环境、材料、结构构造等实际情况而可能发生的影响结构安全的风险事件，如强风影响地区的桥梁风致振动、水中设墩的洪水冲刷或船舶碰撞、海盐或酸雨地区的拉（吊）索腐蚀等。

**3.7.2** 桥梁结构健康监测应结合各类检查，对桥梁结构安全与运营状态定期作出明确意见，每季度可为1次，并宜于每年末进行一次汇总分析。

**3.7.3** 突发事件发生后应及时对事件发生期间的监测数据进行提取和识别，供分析、处理决策使用。

## 3.8 桥梁评定

**3.8.1** 缆索结构体系桥梁评定标准应符合下列规定：
1 技术状况评定应符合现行《公路桥梁技术状况评定标准》（JTG/T H21）的规定。
2 适应性评定应符合现行《公路桥涵养护规范》（JTG 5120）及《公路桥梁承载力检测评定规程》（JTG/T J21）的规定。
3 桥面铺装的评定应符合现行《公路技术状况评定标准》（JTG 5210）的规定。评定应分段、分区进行，评定单元不宜大于单车道二分之一铺装长度，并不应大于100m。
4 特殊检查的评定应符合检查参数相应规范的规定。

**条文说明**

2 耐久性评定方面，按现行《公路桥涵养护规范》（JTG 5120）的规定，可以采用外观耐久状态评定与剩余耐久年限评定相结合的方法。

**3.8.2** 缆索结构体系桥梁的适应性评定宜按周期进行，设计未规定时，接养后首次评定时间宜为交工投入运营后10~15年，其后可根据评定结果每3~8年评定一次。

**3.8.3** 缆索结构体系桥梁评定的结果应与经常检查、预防养护周期、养护规划结合，并对其进行动态调整。

# 4 养护策略

## 4.1 一般规定

**4.1.1** 公路缆索结构体系桥梁养护策略的确定应遵循"强化日常养护、主动开展预防养护、有效实施修复养护"原则。

**4.1.2** 公路缆索结构体系桥梁应根据具体桥梁的结构特点、运行环境与结构性能劣化规律等情况，结合初始检查成果和后续历年检查情况，合理编制和调整桥梁养护规划。养护规划应符合下列规定：

1 规划内容应适应公路缆索结构体系桥梁的实际需求，主要包括桥梁养护制度与档案规划、桥梁检查规划、结构维养规划、机电设备维养规划、桥梁应急方案规划、养护资金规划期估算等。
2 规划应坚持全寿命周期养护成本最优的原则。
3 规划期不宜少于20年，规划重点应为近期（3~5年）和中期（10~15年），并宜根据实际情况，每3~5年对养护规划进行一次评估与修订。

**条文说明**

养护规划的核心思想即根据不同桥梁结构与耐久性特点、环境情况、相关构件功能衰退的规律预先规定规范性的养护计划，建立养护措施与检查评定、运营时间的关系，突出预防养护策略在桥梁全寿命周期内的应用，使得桥梁在整个寿命周期内社会、经济与环境效益综合最优。

根据《公路工程技术标准》（JTG B01—2014），桥梁可更换构件的最低设计使用年限为15~20年，因此规划年限也要覆盖到20年。条文第3款中的实际情况指桥梁的使用年限、技术状态、规划的执行效果、相关养护管理政策的调整、行业技术导向等。规划的执行要有一定的延续性，不可过短，故规定3~5年为一个调整周期。

**4.1.3** 公路缆索结构体系桥梁应在养护规划的指导下开展养护工作，并应符合下列规定：

1 科学安排近、中、长期的养护项目与养护资金。
2 预防养护时机应采取以周期时间为主、基于性能指标衰减控制为辅的机制。

**条文说明**

预防养护的经济性与有效性很大程度上取决于采取预防维养措施的时机。对时机的选择目前存在多种方法，考虑相关方法的成熟性及可操作性、缆索结构体系桥梁的复杂性，本规范对预防养护时机的选择采取以周期时间为主和基于性能指标衰减控制选择为辅的机制。基于周期时间的预防养护就是对桥梁进行定时性的维护，按该维护策略，暂不考虑桥梁构件的性能退化状况，仅按规定的时间间隔对其进行维护。当桥梁构件的性能指标降低到一定水平才采取维护措施，称为基于性能指标衰减控制的预防养护，该策略通过构件性能状态来确定养护时间，维护时间是不确定的，需要根据其技术状态来判断，本规范作出了具体规定。

**4.1.4** 对可能引起桥梁或构件气动外形较大改变或整体刚度变化的施工临时措施或养护设施，应进行抗风安全评估，不满足桥梁抗风安全性的措施不得实施。

**4.1.5** 公路缆索结构体系桥梁技术状况等级、桥面铺装技术指标与养护对策应符合表4.1.5-1、表4.1.5-2的规定。桥梁具体部件的典型病害、养护分类与养护频率的关系宜符合本规范第4.2节和第4.3节的规定。

表4.1.5-1 桥梁技术状况等级与养护对策

| 养护对策 | 技术状况等级 | | | | |
|---|---|---|---|---|---|
| | 1类 | 2类 | 3类 | 4类 | 5类 |
| 日常养护 | ○ | ○ | ○ | | |
| 预防养护 | ○ | ○ | | | |
| 修复养护（小修） | | ○ | | | |
| 修复养护（中修） | | | ○ | | |
| 修复养护（大修） | | | | ○ | |
| 应急养护 | | | | | ○ |
| 改建或重建 | | | | | ○ |

表4.1.5-2 桥面铺装技术指标与养护对策

| 路面损坏状况指数（PCI） | 路面行驶质量指数（RQI） | 路面车辙深度指数（RDI） | 路面抗滑性能指数（SRI） | 养护类型 |
|---|---|---|---|---|
| ≥90 | ≥90 | ≥80 | <80 | 预防养护 |
| | | <80 | — | 修复养护（车辙维修、裂缝处治、坑槽修补） |
| | 85~90 | — | — | 预防养护 |
| | <85 | — | — | 修复养护（车辙维修、裂缝处治、坑槽修补） |

续表 4.1.5-2

| 路面损坏状况指数（PCI） | 路面行驶质量指数（RQI） | 路面车辙深度指数（RDI） | 路面抗滑性能指数（SRI） | 养 护 类 型 |
|---|---|---|---|---|
| 85~90 | ≥85 | — | — | 预防养护 |
|  | <85 | — | — | 修复养护（磨耗层铣刨重铺） |
| <85 | — | — | — | 修复养护（铺装层铣刨重铺） |

**条文说明**

公路缆索结构体系桥梁桥面铺装使用质量要求高且破损影响大，因此维修对策可以不再考虑公路等级。表 4.1.5-1、表 4.1.5-2 中"○"为选用，下同。

## 4.2 斜拉桥的养护对策

**4.2.1** 斜拉桥主要部件的养护对策宜符合表 4.2.1 的规定。

表 4.2.1 斜拉桥主要部件的养护对策

| 部 位 | 部 件 | 典 型 病 害 | 养 护 类 别 | | |
|---|---|---|---|---|---|
|  |  |  | 预防 | 修复 | 应急 |
| 上部结构 | 斜拉索 | 防护套破损、老化 |  | ○ |  |
|  |  | 索体钢丝（钢绞线）锈蚀 |  | ○ |  |
|  |  | 锚具及其组件积水、锈蚀、破损 | ○ | ○ |  |
|  |  | 斜拉索耳板、叉耳销轴磨损 |  | ○ |  |
|  |  | 减振装置锈蚀、劣化 | ○ | ○ |  |
|  |  | 减振装置失效 |  | ○ |  |
|  |  | 斜拉索异常振动 |  | ○ |  |
|  |  | 斜拉索索力异常 |  | ○ |  |
|  |  | 斜拉索断丝 |  | ○ |  |
|  |  | 斜拉索承载力不足 |  | ○ |  |
|  |  | 斜拉索破断 |  |  | ○ |
|  | 主梁 | 锚固区涂层劣化 | ○ | ○ |  |
|  |  | 钢结构锚固区连接失效 |  | ○ |  |
|  |  | 混凝土锚固区开裂破损 |  | ○ |  |
|  | 索塔 | 索塔积水、杂物 | ○ |  |  |
|  |  | 钢索塔涂层劣化 | ○ | ○ |  |
|  |  | 钢索塔连接损伤 | ○ | ○ |  |
|  |  | 混凝土索塔开裂、破损 |  | ○ |  |
|  |  | 混凝土索塔涂层劣化 |  | ○ |  |

续表 4.2.1

| 部 位 | 部 件 | 典 型 病 害 | 养护类别 | | |
|---|---|---|---|---|---|
| | | | 预防 | 修复 | 应急 |
| 上部结构 | 索塔 | 索塔钢锚梁（箱）劣化 | | ○ | |
| | | 索塔锚固区混凝土开裂 | | ○ | |
| | | 索塔锚固区环向预应力崩脱 | | | ○ |
| | | 索塔偏位 | | ○ | |
| | 支座 | 支座钢件涂层劣化 | ○ | | |
| | | 支座钢件锈蚀 | | ○ | |
| | | 支座垫石破损 | | ○ | |
| | | 支座功能损失 | | ○ | |
| | | 支座到达使用寿命 | | ○ | |
| 下部结构 | 桥墩（台） | 桥墩（台）杂物 | ○ | | |
| | | 桥墩（台）混凝土劣化 | | ○ | |
| | | 桥墩（台）不均匀沉降 | | ○ | |
| | 墩台基础 | 基础冲刷 | ○ | ○ | |
| 桥面系 | 桥面铺装 | 使用性能下降 | ○ | | |
| | | 水泥混凝土桥面铺装劣化 | | ○ | |
| | | 钢桥面铺装劣化 | | ○ | |
| | 护栏 | 护栏污损 | ○ | | |
| | | 金属护栏涂层劣化 | ○ | ○ | |
| | | 护栏及风障功能损失 | | ○ | |
| | | 护栏事故性损毁 | | | ○ |
| | 伸缩装置 | 伸缩装置堵塞 | ○ | | |
| | | 伸缩装置过车异响 | ○ | ○ | |
| | | 锚固区混凝土开裂破损 | | ○ | |
| | | 伸缩装置组件损坏或断裂 | | ○ | |
| | | 伸缩装置到达使用寿命 | | ○ | |
| | | 伸缩装置功能严重损失 | | ○ | |
| | 排水系统 | 排水系统堵塞 | ○ | ○ | |
| | | 排水系统损坏、变形 | | ○ | |
| 附属设施 | 检修车 | 检修车主体结构涂层劣化 | ○ | | |
| | | 检修车机电设施老化 | | ○ | |
| | | 检修车主体结构变形、损坏 | | ○ | |
| | | 检修车连接构造脱落、损坏 | ○ | ○ | |
| | | 检修车机电设施损坏 | | ○ | |
| | | 检修车安全性、功能性不足 | | ○ | |

续表 4.2.1

| 部 位 | 部 件 | 典 型 病 害 | 养护类别 | | |
|---|---|---|---|---|---|
| | | | 预防 | 修复 | 应急 |
| 附属设施 | 除湿系统 | 系统组件老化、损坏 | | ○ | |
| | | 除湿效果达不到要求 | | ○ | |
| | 阴极保护系统 | 系统组件损坏 | | ○ | |
| | | 系统电位异常 | | ○ | |
| | 阻尼器 | 防护涂层劣化、破损 | ○ | | |
| | | 连接螺栓断裂 | | ○ | |
| | | 连接混凝土破损 | | ○ | |
| | | 严重漏油 | | ○ | |
| | | 阻尼器卡死 | | ○ | |
| | 防撞设施 | 防护涂层劣化、破损 | ○ | | |
| | | 结构锈蚀、破损 | | ○ | |

**条文说明**

斜拉桥各组成构件具体的分类养护措施详见本规范第 5 章、第 7 章和第 8 章的相关内容。桥梁构件病害同时具备多种对策的含义为对应同一病害的不同阶段或不同病害程度采取不同的养护对策。为便于使用，本规范结构分类与现行《公路桥梁技术状况评定标准》(JTG/T H21) 保持一致。

**4.2.2** 主梁部分除与拉（吊）索相关的锚固等特殊部位外，其余内容应符合相关养护规范的规定。

**4.2.3** 斜拉桥各构件养护的频率应符合本规范第 5 章、第 7 章和第 8 章的规定。

## 4.3 悬索桥的养护对策

**4.3.1** 悬索桥主要部件的养护对策宜符合表 4.3.1 的规定。

**表 4.3.1 悬索桥主要部件的养护对策**

| 部 位 | 部 件 | 典 型 病 害 | 养护类别 | | |
|---|---|---|---|---|---|
| | | | 预防 | 修复 | 应急 |
| 上部结构 | 主缆 | 外表污染 | ○ | | |
| | | 涂层防护劣化 | ○ | ○ | |
| | | 防护体系破损、失效 | | ○ | |
| | | 钢丝锈蚀 | | ○ | |

续表 4.3.1

| 部 位 | 部 件 | 典 型 病 害 | 养 护 类 别 | | |
|---|---|---|---|---|---|
| | | | 预防 | 修复 | 应急 |
| 上部结构 | 主缆 | 索股破断 | | | ○ |
| | | 主缆线形异常 | | ○ | |
| | 索夹 | 涂层防护劣化 | ○ | ○ | |
| | | 锚固螺杆松弛 | ○ | ○ | |
| | | 索夹破损 | | ○ | |
| | | 填缝密封胶老化 | ○ | ○ | |
| | | 索夹滑移 | | ○ | |
| | | 锚固螺杆断裂、螺纹损坏、锈蚀 | | ○ | |
| | 吊杆（索、绳） | 涂层防护劣化 | ○ | ○ | |
| | | 防护套破损 | | ○ | |
| | | 橡胶减振器开裂 | | ○ | |
| | | 锚具及其组件积水、锈蚀、破损 | ○ | ○ | |
| | | 减振架锈蚀、松动、脱落 | ○ | ○ | |
| | | 长吊杆振动过大 | | ○ | |
| | | 吊杆锈蚀、断丝 | | ○ | |
| | | 吊杆承载力不足 | | ○ | |
| | | 吊杆达到设计寿命 | | ○ | |
| | | 吊杆破断 | | | ○ |
| | | 吊杆耳板、叉耳销轴磨损 | | ○ | |
| | 索鞍（套） | 涂层防护劣化 | ○ | ○ | |
| | | 螺栓、螺杆松动 | ○ | | |
| | | 滑（转）动干涩 | ○ | | |
| | | 螺杆断裂 | | ○ | |
| | | 鞍座开裂 | | ○ | |
| | | 鞍座偏位 | | ○ | |
| | | 鞍室湿度不满足要求 | ○ | ○ | |
| 下部结构 | 锚碇（梁） | 锚碇（梁）渗水、积水 | ○ | ○ | |
| | | 锚碇（梁）混凝土开裂 | | ○ | |
| | | 锚梁钢板异常变形 | | ○ | |
| | | 锚固系统防护缺陷或失效 | ○ | ○ | |
| | | 锚室湿度不满足要求 | | ○ | |

**条文说明**

悬索桥各组成构件具体的分类养护措施详见本规范第 6 章、第 7 章和第 8 章相关内容。

**4.3.2** 悬索桥的索塔、索塔基础、主梁、桥面系与附属设施的养护对策应符合本规范第 4.2 节的相关规定。

**4.3.3** 悬索桥各构件养护的频率应符合第 6 章、第 7 章和第 8 章的相关规定。

# 5 斜拉桥的养护

## 5.1 斜拉索

**5.1.1** 斜拉索的养护应符合下列规定：
1 斜拉索各构件应完好、无缺损、功能正常，强度、索力、线形应符合设计要求。
2 索体不应附着广告牌、旗帜、飘带等与维持索体功能无关的附属物，当由于景观照明等需要必须增设时，应在安装前进行专项评估。
3 进行斜拉索索力测量、监测或养护维修时，应避免损伤斜拉索护套。
4 平行钢丝斜拉索和钢绞线斜拉索应结合各自构造特点进行养护。

*条文说明*

4 斜拉索主要有平行钢丝索和钢绞线索两大类，各自有配套的锚具，其防护层也有区别。因此，要结合各自构造特点进行养护维修。

**5.1.2** 斜拉索日常养护应以斜拉索构件的清洁为主要内容，每季度应不少于一次。

**5.1.3** 斜拉索构件清洁应以拉索锚固系统及周围环境的清洁为主要工作内容，定期清理锚固系统附近的杂物、积水；锚具及护筒内应保持清洁、干燥。

*条文说明*

斜拉索的锚固系统是容易产生病害的部位，容易积水且检查较困难，该部位受力也复杂。因此，一定要及时清理锚固系统附近的杂物、积水，保证斜拉索及其锚固系统处于干燥、清洁的环境中，避免出现腐蚀病害。

**5.1.4** 斜拉索构件的预防养护宜结合桥梁检查的结果，每年不少于一次，并应符合下列规定：
1 更换拉索两端锚具防护罩内失效的防护油。
2 对拉索两端钢护筒作涂漆、防腐蚀处理。
3 更换钢护筒与套管连接处失效的防水密封装置，确保连接处的防水效果。

**条文说明**

斜拉索养护的重点部位是上、下锚头处，锚头、拉索出口密封处等。除了对重点部位进行清洁、保持干燥环境外，也要采取主动防护措施，及时更换锚具内劣化失效的防护油脂，对钢护筒除锈等。

**5.1.5** 斜拉索实施修复养护的时机应结合桥梁检查工作确定，并应符合下列规定：
1 在斜拉索经常检查中发现明显病害或缺陷时，应及时进行修复。
2 每次定期检查结束后，应对斜拉索主要病害进行全面修复。

**条文说明**

斜拉索的修复养护主要包括索体自由段的修复、索体锚固段的修复和斜拉索减振装置的修复，斜拉索异常振动的处置、斜拉索索力的调整和斜拉索的更换。

**5.1.6** 斜拉索索体自由段护套的修复应符合下列规定：
1 斜拉索护套老化开裂或破损失去防护功能时，应进行修补。
2 修补前应检测水分进入索体的情况，并应先进行索体除湿处理。
3 对采用套筒压注水泥浆防护的斜拉索，当金属套筒腐蚀、钢丝仍完好未锈蚀时，宜更换金属护套并做好防腐涂装。
4 对采用热挤HDPE（高密度聚乙烯）作护套的工厂成品索，应采用专用塑焊枪进行熔焊修补，修补用PE宜同原材料一致，修补完后可在外部进行PVF（聚氟乙烯）缠包带补充防护。

**条文说明**

斜拉索护套在运营过程中会出现细纹、刮痕、刮伤、严重刮伤、翘皮、孔洞、开裂、严重开裂等病害。斜拉索护套损伤原因包括：①人为因素。斜拉索施工涉及的工序较为繁杂，具体有运输、存放、卷盘、展开、托索、吊装、牵引、锚固、张拉及调整等，而斜拉索护套保护层是柔性聚合物，在运输、挂索、张拉等施工中，会不可避免地受到不同程度的损伤。②活载的影响。由于车辆、行人、风、雨等活载的作用，拉索应力变化大，索梁振动加剧，拉索伸长量也发生往复性的变化使得材料出现疲劳、老化、裂缝，破坏防护系统的整体性。需要注意的是，热挤平行钢丝拉索的钢丝与PE热熔黏结，钢丝受力时可传递给PE，PE在受力状态下易开裂。而钢绞线拉索配HDPE护套不受钢绞线传递力，不易开裂。

4 修补用材料及其主要性能满足现行《斜拉桥用热挤聚乙烯高强钢丝拉索》（GB/T 18365）、《无粘结钢绞线斜拉索技术条件》（JT/T 771）的要求。

斜拉索PE护套典型修补工艺流程如下：
1）用机械方法剔除PE护套破损部位，直至露出完好聚乙烯。

2）用丙酮对修补部位进行清洗，加工坡口。

3）用与原护套材料相同的焊条进行加压堆焊，直至恢复护套厚度，最后用抛光机对焊接部位进行抛光。

4）如需缠绕PVF带，待护套修补完成后，在索体外表面缠绕PVF带及纤维胶带进行防护。

**5.1.7** 斜拉索索体自由段锈蚀钢丝（钢绞线）的修复应符合下列规定：

1 斜拉索钢丝（钢绞线）局部裸露并出现锈蚀时，应对锈蚀情况进行评估，当锈蚀不影响拉索继续安全使用时，应进行锈蚀钢丝（钢绞线）的修复。

2 修复斜拉索锈蚀钢丝（钢绞线）宜完全去除原防护护套，对钢丝进行除锈和防腐处理后，修复护套并封闭索体。

3 拉索钢丝（钢绞线）严重锈蚀或出现断丝，经评估无法继续利用的，应进行更换钢绞线或换索。

**条文说明**

斜拉索运营中常见拉索钢丝生锈、流淌锈水，锈皮起鼓脱落。钢丝锈蚀严重的会导致拉索断裂，造成安全事故。对钢丝锈蚀的修补，通常先切除破损护套，对钢丝（钢绞线）进行除锈处理，涂刷环氧富锌漆并填充防锈油脂。将钢丝（钢绞线）锈蚀程度改善后，再修复护套并封闭索体。

根据调研情况，目前国际上尚无标准的钢丝锈蚀评级方法，根据业界专家的工程实践，建议采用图5-1和表5-1的标准记录每根钢丝的锈蚀程度。一般认为，钢丝劣化等级在Ⅳ级（含）以上为较为严重的情况。

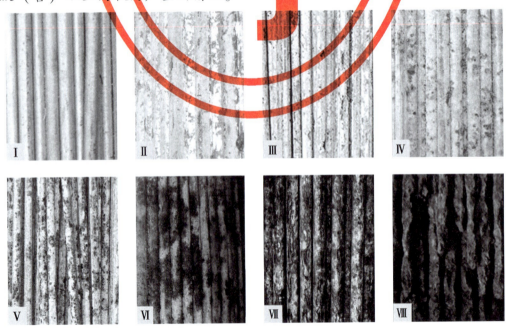

图5-1 钢丝锈蚀程度推荐分级标准图谱

表 5-1 钢丝锈蚀程度推荐分级描述

| 锈蚀等级 | 描 述 |
| --- | --- |
| Ⅰ | 钢丝完好无锈蚀，表面泛着金属光泽 |
| Ⅱ | 钢丝表面出现白色镀锌锈蚀粉末，但钢丝基质没有锈蚀 |
| Ⅲ | 钢丝表面局部镀锌耗尽，基质锈蚀导致黄色斑点出现。用钢丝刷、抹布清洁这些黄色斑点后，钢丝外表恢复光滑，有目视可见的锈蚀痕迹 |
| Ⅳ | 钢丝表面出现黄色斑点，且无法用钢丝刷清洗 |
| Ⅴ | 钢丝表面黄色锈斑颜色变深，数量增多，部分锈斑连接成片，但铁锈覆盖的面积比锌粉面积小。锈斑中心出现易剥落的锈蚀产物，除锈后可见浅坑 |
| Ⅵ | 钢丝表面锈斑成片出现，铁锈覆盖的面积比锌粉的面积大。锈蚀产物膨胀隆起，除锈后钢丝表面出现明显凹坑 |
| Ⅶ | 镀锌耗尽、钢丝严重锈蚀，除锈前即可发现明显截面损失 |
| Ⅷ | 钢丝截面损失80%以上，可视为断裂 |

**5.1.8** 斜拉索索体锚固段的修复应符合下列规定：

1 锚头内油脂老化、变质时，应及时进行更换。更换油脂时，原有油脂应擦除干净，涂覆的新油脂应饱满、均匀。

2 锚罩（箱）锈蚀不严重时，可除锈后重新涂装；锈蚀严重时，可更换为不锈钢锚罩、锚箱盖。

3 钢绞线斜拉索的夹片应始终处于紧固状态，不得出现松动或钢丝滑移；平行钢丝斜拉索的钢丝镦头出现锈蚀时，应及时进行除锈处理。

4 斜拉索导管积水时，应拆除导管减振器并清理管内充填物，干燥导管后对导管内壁进行防腐处理或充填封闭，密封用涂层或充填材料应充分考虑密封效果的长期有效性。

5 下锚头内积水时，应及时清除积水，重新涂抹防腐油脂，同时找出防水失效原因，采取针对性措施，避免再次进水。

6 锚固区混凝土开裂、剥落或斜拉索锚具、连接螺栓、锚拉板等构件存在开裂、变形时，应进行特殊检查评估，并及时修复。

7 塔端拉索套筒悬臂段开裂或塔端内置减振器脱落时，应进行特殊检查评估，并及时修复。

**条文说明**

2 锚头防腐油脂老化变质后，黏度降低，流到锚罩与锚垫板结合处，腐蚀密封橡胶条及锚罩内外侧涂装，加速锚罩涂装老化开裂；锚罩（箱）外侧涂装受日照等环境作用，也逐渐老化开裂。锚罩（箱）涂装老化开裂后，在雨水结露等湿度较大的环境，锚罩逐渐锈蚀，锈蚀又导致相邻涂装剥落，引起更大面积锈蚀。

4 导管积水主要来自锚头渗水和冷凝水，锚头渗水可通过阻断锚头进水通道解决；为防止冷凝水产生，需要将上导管密封，阻止潮气进入。

5 下导管渗水是下锚头锈蚀的主要原因，镦头锚索、夹片锚索的下导管积水沿钢丝（钢绞线）下渗至锚头，引起裸露段钢丝（钢绞线）镦头、夹片、锚杯、螺母、锚垫板锈蚀；冷铸锚下导管积水由螺母与锚杯或螺母与锚垫板间隙下渗至锚头，引起锚杯螺母、锚垫板等锈蚀。

**5.1.9** 斜拉索减振装置的修复应符合下列规定：

1 斜拉索减振装置各部位应保持完整、清洁，并处于正常工作状态。

2 外置减振装置若存在阻尼油泄漏、螺栓锈蚀或松动、钢构件涂层脱落或锈蚀、支架及索夹变形或移位、磁流变失效等病害，应及时进行修复。

3 斜拉索内置减振装置应确保牢固、稳定，无移位及老化现象，索塔端的内置减振装置应确保支挡构造的牢固、稳定，防止减振装置组件坠落。

4 斜拉索异常振动时，应及时对减振装置进行检查，修复拉索振动造成的损伤，并对拉索减振装置的有效性进行评估。

**条文说明**

2 目前斜拉索外置式减振器的主要形式为黏滞式阻尼器、油阻尼器和磁流变阻尼器，电涡流阻尼器、液压阻尼器等应用相对较少，因此本款仅给出常用阻尼器的典型病害。

3 有些斜拉桥在斜拉索索塔锚固端也设有减振装置，通过在钢导管内设置橡胶减振圈实现减振功能，一般构造如图5-2所示。近年来，部分设置内置式阻尼器的桥梁出现了塔端阻尼器松动、脱出甚至坠落的情况，主要是下方止挡构造锈蚀、损坏。由于阻尼器位于索塔上端，检查养护较为困难，容易成为养护盲区和隐患，要引起足够重视。

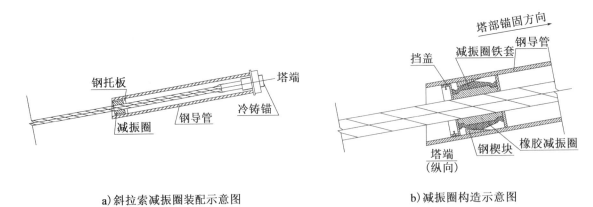

图5-2 索塔端斜拉索减振装置构造示意

**5.1.10** 斜拉索异常振动的修复应符合下列规定：

1 斜拉索出现异常振动时，宜结合振动情况采取临时性减振、抑振措施，必要时应对桥面交通进行管制。

2 维修前应收集拉索异常振动的主要参数，进行详细的观察、测试与分析计算，明确引起异常振动的原因，作为选择维修方法的依据。

3 由于缺少减振装置导致的斜拉索异常振动，应增设减振设施，可采取安装阻尼器、增设辅助索和气动控制等方法；由于减振设施损坏失效或性能不佳导致的斜拉索异常振动，应及时对减振装置进行修复或更换。

**条文说明**

斜拉索振动异常会损坏索的钢套筒（导管）、套筒帽及其固定螺栓、拉索的防振阻尼器及 PE 护套。经常发生异常振动会加剧斜拉索根部护筒疲劳开裂，使拉索根部积水，加速拉索锈蚀，缩短其使用寿命。

1 由于索的风振、雨振与风的大小和方向、雨的具体情况、斜拉索的长度、自振特性等很多因素有关，同时各阶振动的阻尼比离散性较大，观察的次数少了，不一定能掌握风振、雨振的全部情况。

3 常用斜拉索减振措施包括下列 3 类：

1) 安装阻尼器：安装阻尼器的作用机理就是通过安装阻尼装置，提高拉索的阻尼比从而抑制拉索的振动。阻尼器对涡激共振、尾流驰振、雨振以及由锚固端或锚点激励引起的拉索共振和参数振动都能起到较好的抑制作用。相对振幅比较大的索，安装外置式的黏滞型阻尼器较为有效。

2) 增设辅助索：通过连接，将长索转换为相对较短的短索，采用连接器（索夹）或辅助索将若干根索相互连接起来，形成索网体系，使拉索的振动基频提高，从而抑制索的振动。该法对防止低频振动十分有效，同时也能降低风雨振以及单根索振动发生的概率，但对通常以高阶（4 阶以上）形式出现的涡激振动抑制作用不明显。另外，辅助索易疲劳断裂，对桥梁景观有一定影响。在应急处置时，用临时钢丝绳将拉索与梁体上的牢固构件连接固定。

3) 气动控制法：光滑表面斜拉索发生异常振动时，通过提高斜拉索表面的粗糙度（表面处理成带有螺旋凸纹、条形凸纹、V 形凹纹或圆形凹点的非光滑表面），使气流经过拉索时在表面边界层形成湍流，从而防止涡激共振的产生；拉索表面的凹凸纹还能阻碍下雨时拉索上、下缘迎风面水线的形成，从而防止风雨振的发生。该法对塔、梁在外界激励下导致的索两端的锚固端或锚点激振（又称参数振动）无减振作用，且由于表面粗糙度的增加，会增大斜拉索对风的阻力。

**5.1.11** 斜拉索索力调整的时机应符合下列规定：

1 主梁线形波浪起伏、挠度超过设计规定。

2 主梁结构开裂超限。

3 索塔轴线存在不符合设计的偏位或变形。

4 中、大修后，桥面铺装更换，恒载分布有改变。

5 重大突发损伤事件后，经检测，桥梁存在本条第 1 款～第 3 款的情况。
6 对索力偏差超过 10% 的拉索进行专项评估，综合考虑与成桥索力的偏差及主梁、索塔等异常变形情况，确定索力调整的必要性。

**条文说明**

6 以往许多规范中会将"实际索力与设计索力相差 10% 以上"作为索力调整的依据。但很多桥在实际运营中，拉索索力都会出现超过 10% 的情况，在考虑拉索安全系数的前提下，10% 的偏差对单一斜拉索影响不明显，用此作为调索的唯一依据并不合理，故本款规定进行综合评估后再确定是否调整。

**5.1.12** 斜拉索索力调整应符合下列规定：
1 斜拉索索力调整幅度应相对较小，并在调整幅度范围内兼顾主梁线形、主塔偏位、主梁应力等结构参数的改善。主要控制指标应根据调整范围和目标确定。
2 索力调整时应进行相关构件及主梁、主塔关键断面的应力与位移的监测。
3 索力的调整应与结构的加固相配合，加固新增恒载应予以平衡。
4 索力调整不应突破原设计拉索的安全限值。

**条文说明**

1 通过索力调整来恢复斜拉桥的结构状态对钢梁斜拉桥效果显著，对混凝土斜拉桥可调整的范围不大，此时需要对比设计、施工资料，计算分析斜拉桥结构状态异常的原因，制订相应的综合措施。调索计算存在多个解时，在调索目标、调索原则的指导下，选取一个调索幅度相对较小的调索方案，目的是避免运营多年的老桥结构受力状态发生突变，以保证调索过程中结构的安全。一般而言，单根或少量的调索以索力控制为主，大范围调索要实施索力和结构变形的双控。

**5.1.13** 斜拉索的更换时机应符合下列规定：
1 拉索钢丝严重锈蚀或出现断丝，经评估后无法继续利用。
2 拉索护套损伤严重且无法修复。
3 锚具损坏、锈蚀且无法修复。
4 荷载增加或其他因素导致索力超出安全限值，且通过调索无法解决。
5 拉索使用年限超过设计使用寿命，经评估后需要进行更换。
6 重大突发事件造成斜拉索严重损伤，如桥面火灾、车撞、地震等。
7 拉索存在其他严重损伤且无法修复。

**条文说明**

对斜拉索更换时机的判别涉及的因素很多，难以有统一的量化标准。《城市桥梁养护技术规范》（CJJ 99—2107）第5.9.10条规定的以2%的断丝率或10%的锈蚀率作为换索的量化控制指标，存在依据不够充分的问题。目前来看，采用检测评估计算确定的方式总体较为合理。在现场外观检查无法提供足够的依据时，可以考虑挑选外观病害较为严重的拉索进行试换。换下来的斜拉索可以在试验室进行试验，对其腐蚀状况、强度、疲劳性能等力学指标进行详细判定。

**5.1.14** 斜拉索的更换应符合下列规定：

1 斜拉索更换前，应对全桥进行全方位的测量，并建立合理的空间有限元模型，验算换索全过程中桥梁承载能力和正常使用极限状态下的受力情况。

2 斜拉索的更换应保障结构安全，对存在严重损伤的索应优先更换。当更换多根斜拉索时，换索顺序宜结合拉索在塔上的锚固构造及总体计算，按边中跨或上下游侧对称同步更换的原则进行。

3 换索期间应对主梁、索、塔进行连续监控。监控内容应包括主梁挠度、主塔位移、斜拉索索力、主要受力部位的裂缝观测等。

**5.1.15** 斜拉索遭受火灾、撞击及严重腐蚀等事件并导致严重损伤时，应实施斜拉索应急养护。

**5.1.16** 斜拉索应急养护的主要步骤和措施应符合下列规定：

1 桥面交通管制。应视斜拉索损坏或破断情况实施不同程度的交通管制措施。

2 应急检查。养护人员或检测单位应对损坏斜拉索进行特殊检查。特殊检查基本要求应符合表3.6.6的规定。

3 应急处置。应根据应急检查结果，结合现场实际情况，确定后续应急处置措施，包括封闭车道、限制交通、原索搭接、设置临时连接等。

1）斜拉索破断位置距离桥面较近时，可采用原索搭接的方式。

2）斜拉索破断位置距离桥面较远时，可采用临时连接、临时拉索等方式。

4 维修更换。在确定斜拉索损伤风险处于可控范围后，养护单位应及时组织斜拉索维修工作。斜拉索的维修、更换等应符合本规范第5.1.6条~第5.1.14条的规定。

**条文说明**

1 目前，对密索斜拉桥，单侧单根非锈蚀导致的断索不一定需要封闭全桥交通。

3 破断位置距离桥面较近还是较远，一般以5m为界，实际根据施工是否方便确定。原索搭接指采用一定长度拉索通过夹具与破断索两端进行搭接的临时性应急措施。临时连接指采用拉索夹具、钢缆、可调式花篮套筒等简易构造，将破断处桥面荷载转移到临近拉索承担的一种临时性应急措施。

4 斜拉索应急目标完成后，用永久措施代替临时措施的时间间隔要尽可能短，避免结构体系长期处于安全威胁状态。

## 5.2 索塔

**5.2.1** 斜拉桥索塔的养护应符合下列规定：

1 索塔养护应保持塔柱、横梁、基础等各结构防护完好、无缺损、功能正常，索塔强度、刚度和稳定性符合设计要求。
2 索塔基础的养护与维修应符合本规范第 5.3 节的规定。
3 塔内电梯、爬梯等附属设施的养护应符合本规范第 8.10 节的规定。
4 索塔内应保持通风、干燥。设置除湿系统的，除湿区的湿度应符合设计要求。

**5.2.2** 斜拉桥索塔日常养护应以清洁和保养为主要内容，并应符合下列规定：

1 索塔内部清洁的频率每年不少于一次。
2 塔内机电设备的保养频率按各自产品说明书规定执行，保障其功能正常。

**条文说明**

斜拉桥索塔一般采用混凝土结构、钢结构或钢-混组合结构，结构及构件尺寸、高度均较大。在实际运营养护过程中，如对混凝土及钢构件实施裂缝封闭、涂装、除锈等修复性养护工程，一般成本较高、施工范围大、组织困难，所以多将这些工作作为修复养护进行集中处治。对索塔拉索锚固区和钢索塔内部设置的除湿系统，要保障其正常运行，使保护范围内的湿度控制在设计值以下，有效降低各类钢构件发生锈蚀的可能性。

**5.2.3** 索塔清洁应对结构表面的松散混凝土、杂物、积水与生物附着物进行清除。

**5.2.4** 索塔预防养护宜结合桥梁检查结果，并应符合下列规定：

1 索塔内的排水系统应处于正常工作状态，存在积水应及时进行清除；经常出现积水的部位，应分析原因并及时采取封堵、防护涂层与导排等措施。
2 索塔涂层轻微劣化或局部破损时，应进行维护性补涂，补涂的工艺、材料和质量要求与原设计相同。氯盐侵蚀环境下，作业前宜采用高压水洗将旧涂层上的可溶性氯化物含量降低到 $50mg/m^2$ 以下。
3 混凝土索塔钢筋存在锈蚀风险时，应及时采取附加防腐措施。

**条文说明**

2 涂层的维护性补涂指防护涂层采用现行《色漆和清漆 涂层老化的评价 缺陷的数量和大小以及外观均匀变化程度的标识》（GB/T 30789）进行评定，并针对不同病害采取的补涂措施。当防护涂装面漆出现 3 级以上粉化且粉化减薄的厚度大于初始厚度的 50% 时，直接补涂符合原设计要求的面漆，干膜厚度不低于粉化损失厚度。发生

Ri2~Ri3锈蚀，2~3级开裂、剥落、起泡时，先彻底清洁表面至Sa2.5级或St3级，未损区边缘要有50~80mm坡口；涂层底层是热喷锌或热喷铝的，在原破损面积基础上扩300mm进行重新热喷或用二道环氧富锌涂层代替；处理好后选择相应中间漆、面漆进行补涂，补涂范围适当延伸至未损区域。海盐地区，控制旧涂层上的氯盐含量，将有效预防涂装后因盐分含量过高而产生的涂膜缺陷。

3 对出现钢筋锈蚀风险的混凝土结构物，目前实践中比较有效的预防养护方法为喷涂渗透型的阻锈剂并加设防腐涂层，来中和并阻止有害物质的侵蚀。

**5.2.5** 斜拉桥索塔修复养护的时机应结合桥梁检查工作进行确定，并应符合下列规定：

1 在索塔经常检查中发现明显病害或缺陷时，应及时进行修复。
2 每次定期检查结束后，应对索塔主要病害进行全面修复。

**条文说明**

斜拉桥索塔的修复养护包括钢索塔的修复、混凝土索塔的修复、斜拉索锚固区构件的修复和索塔偏位的纠正。条文所述的实施时机即为当前国内斜拉桥索塔养护较为普遍的时机。例如，在每月经常检查中，当发现索塔有明显的混凝土开裂、破损、钢构件锈蚀等病害时，就立即组织小规模的病害修复。由于经常检查范围和深度有限，全面性的修复需要结合定期检查工作。通过定期检查，对索塔病害进行全面的掌握，再根据病害实际规模和桥梁养护管理单位的预算设置、养护计划等实际情况，在下一年度安排索塔的修复养护。

**5.2.6** 斜拉桥钢索塔的修复养护应符合下列规定：

1 重涂采用的涂装体系宜符合原设计要求，也可根据实际情况，按现行《公路桥梁钢结构防腐涂装技术条件》（JT/T 722）的规定选择新涂层体系。
2 根据涂层老化开裂和钢构件的锈蚀程度，确定表面处理的等级，并应符合现行《涂覆涂料前钢材表面处理 表面清洁度的目视评定》（GB/T 8923）的规定。
3 涂层干膜厚度不应低于结构原设计要求。
4 钢结构疲劳裂纹的修复应符合本规范第7.1节的相关规定。
5 松动和脱落的高强螺栓应及时进行恢复和补充。更换高强螺栓应符合本规范第7.1.7条的规定。

**条文说明**

斜拉桥钢索塔养护重点为塔的变形、材料腐蚀和疲劳损伤，当发现明显病害时，及时进行加固维修，确保钢索塔的结构安全。进行钢结构涂层修复养护，本规范指重涂。重涂指涂层病害严重，进行整个构件重新涂刷的措施，即当涂膜发生Ri3及以上锈蚀或处于 3 级以上开裂、剥落、起泡时，如果损坏贯穿整个涂层，则进行彻底的表面处理至符合涂层体系要求，涂装符合使用条件的配套涂层体系。

**5.2.7** 斜拉桥混凝土索塔的修复养护应符合下列规定：
1 裂缝、破损修补材料和涂料等的技术要求应符合有关技术标准的规定。
2 宽度小于 0.15mm 的裂缝，宜采用表面封闭法进行处理；宽度不小于 0.15mm 的裂缝，宜采用压力灌浆法进行处理。
3 裂缝修补后，应定期对主要裂缝进行跟踪观测。
4 混凝土索塔涂层出现开裂、剥落、起泡的面积达 10% 以上时，宜进行全索塔重涂。

**条文说明**

斜拉桥混凝土索塔一般常发生承台、塔柱的涂装剥落、表面裂缝、混凝土剥落掉角等缺陷，该类病害一般是施工养护不当、温度、钢筋锈蚀、外力等引起的表面耐久性病害，要按照混凝土结构表观病害处治方案及时进行修复，避免主塔结构材料不断劣化引起结构性病害。

**5.2.8** 索塔锚固区构件的修复养护应符合下列规定：
1 索塔锚固区的钢锚梁、钢锚箱、鞍座、支承板、钢-混结合部等钢结构的修复应符合本规范第 7.1.7 条的规定。
2 索塔锚固区混凝土结构裂缝修复前，应进行详细检测与评估，包括裂缝深度、长度、形态、钢筋或环向预应力筋状态等，判断引起结构裂缝的原因。
3 索塔锚固区混凝土结构裂缝的修复，根据锚固区混凝土的开裂程度、施工条件等因素，可选择被动加固和主动加固的修复方法。

**条文说明**

斜拉桥钢索塔和混凝土索塔锚固区虽然构造上差别较大，但功能上都是要通过斜拉索将主梁的恒载及其上作用的活载等巨大的作用传递给索塔，斜拉索的锚固区是局部承压区，受力很大也很复杂。如在锚固力作用下，锚固区塔柱外壁产生的拉应力可能造成混凝土竖向裂缝，而裂缝的存在会导致锚固区钢构件耐久性降低，影响斜拉索长期安全锚固。

3 被动加固与主动加固的方法与特点如下：
（1）被动加固：在索塔锚固区外壁粘贴垂直于竖向裂缝的钢板，通过钢板承担混凝土开裂后的拉应力，并对现有裂缝进行封闭。
（2）主动加固：在索塔锚固区外围施加环向预应力，通过主动施加预应力，为塔壁混凝土提供压应力，使部分裂缝闭合，避免裂缝继续展开。

两类方法的特点如表 5-2 所示。

**表 5-2　斜拉桥索塔锚固区加固方法**

| 方　法 | 主　要　优　点 | 主　要　缺　点 |
|---|---|---|
| 被动加固 | 1. 施工简单。<br>2. 荷载增加不大 | 1. 只能被动承担塔壁混凝土开裂后的拉应力增量；无法为混凝土提供压应力。<br>2. 提供效果有限 |
| 主动加固 | 1. 主动施加预应力，可使裂缝闭合，并提供压应力抵抗劈裂作用。<br>2. 通过预应力环箍，使塔壁混凝土刚度增加，可调节索力水平分力的分布 | 1. 施工困难，特别是对环向预应力锚固端构造。<br>2. 需增大塔壁混凝土截面，荷载增加较多 |

5.2.9　索塔塔顶变位异常时，应进行特殊检查，并根据检查评估结果制订相应的处治措施进行加固维修。

**条文说明**

桥塔偏位的纠正，首先要分析偏位的原因，剔除成桥时已经产生的偏位，并调研历史资料，统计偏位发展情况。单塔斜拉桥索塔轴线向主跨（河跨）方向倾斜、双塔斜拉桥两索塔倾向河跨或两索塔同向倾斜，是斜拉桥索塔面临的综合性病害。

混凝土索塔产生该病害的主要原因有：①索塔不均匀沉降，导致塔身倾斜；②双塔大跨径斜拉桥，两岸对称安装、张拉斜拉索及调索工艺不一，索力误差较大，两岸施工进度不同步，塔柱存在较大的初始偏斜而未及时纠正；③两岸施工季节（温度）相差过大，结构的非线性变形差别过大而又未及时修正；④索塔、梁设计为铰支结构或飘浮结构，索塔、梁施工临时固结装置约束条件不一致，解除临时固结装置后，两岸的约束阻力不一。

钢索塔除受轴向荷载外，还承受绕顺桥向和横桥向的弯矩作用，同时风作用、温度变化也会引起变形，当钢索塔两侧斜拉索拉力不等时会产生顺桥向挠度变形。由于钢索塔的薄壁化、高耸化，导致其整体和局部刚度下降，当钢索塔的挠度变形达到一定程度时，钢索塔就有可能在重力荷载及挠度变形的共同作用下产生屈曲变形，导致其失稳破坏。

5.2.10　索塔应急养护应符合下列规定：

1　经检查评估，塔端锚固区环向预应力存在较大崩出风险时，应立即采取临时应急防护和交通管制措施，防护范围应充分考虑混凝土坠落和钢筋崩出后的影响区域。

2　应急防护措施应避免预应力筋发生崩落，可采用管道注浆和钢板封锚防护等方式。

3　塔端锚固区预应力筋崩出、坠落后，应及时清理桥面的坠落物和塔端的残留物，并安排特殊检查与监测，评估塔端和桥面的受损情况及索塔承载力变化情况。

4 经评估，索塔锚固区存在承载能力不足或抗裂性能不满足要求时，应及时进行索塔结构的补强。

## 5.3 桥墩与基础

**5.3.1** 斜拉桥桥墩与基础的养护应保持各构件完好、无缺损、功能正常，防护完整，结构强度、刚度和稳定性符合设计要求。

**5.3.2** 斜拉桥桥墩与基础的日常养护应以墩台清洁为主要内容。实施墩台清洁的频率每年应不少于1次，并应包括下列内容：
1 清除桥墩、桥台、承台表面的青苔、杂草、灌木和污物。
2 清除桥墩顶部或盖梁顶部的垃圾和施工遗留物。

**条文说明**

与斜拉桥索塔的日常养护相同，对墩台基础混凝土结构病害的养护维修归类于修复养护。墩台基础的日常养护主要是清理墩台表面及墩顶的垃圾、杂物，使墩台结构的运营环境得到改善。

**5.3.3** 斜拉桥桥墩与基础的预防养护应结合冲刷深度观测结果，并应符合下列规定：
1 实施防护的对象应选择冲刷深度接近设计值或冲淤程度显著增大的桥墩。
2 冲刷防护方案应结合水文条件、地质状况、基础形式、工程造价等因素综合确定。

**条文说明**

桥墩冲刷深度变化受水文条件影响较大，特别是跨江、跨海桥梁，其冲淤变化幅度较大，且规律较为复杂。除了对冲刷突然加剧的桥墩进行重点养护外，在某些年份突然淤积的情况也要重视，特别是采用超长桩基础的桥梁。冲刷防护措施包括抛石、护圈、沉箱、环翼等。

**5.3.4** 斜拉桥墩台、基础及河床实施修复养护的时机宜结合桥梁检查工作进行确定，并应符合下列规定：
1 在墩台和基础经常检查中发现明显病害或缺陷时，应及时进行修复。
2 每次定期检查结束后，应对墩台和基础主要病害进行统计汇总，并组织1次全面的修复。
3 河床的修复应结合基础冲刷和河床测量等特殊检查结果。
4 辅助墩、过渡墩沉降量或不均匀沉降量超过设计要求时，应及时分析原因并进行调整、处治。

**条文说明**

斜拉桥墩台和基础的修复养护包括墩台结构的修复、基础的修复和基底河床的修复等。

**5.3.5** 墩台结构的修复应符合下列规定：

1 墩台混凝土结构常规病害的修复应符合本规范第5.2.7条的规定。

2 墩台结构性裂缝由活动支座失效造成墩台拉裂时，应处理裂缝并修复或更换支座。

3 墩台结构性裂缝由基础不均匀沉降产生时，应先采用适宜方法加固基础和地基，再对其进行处治。

4 墩台结构性裂缝已贯通墩台时，宜采用钢筋混凝土围带或钢箍加固墩台。

5 墩台抗震设施损坏时，应及时修复或改造。

6 墩台发生异常变位时，应及时进行检测评估，根据评估结果及病害影响程度进行加固处治。

**5.3.6** 索塔基础的修复应符合下列规定：

1 基础混凝土结构常规病害的修复应符合本规范第5.2.7条的规定。

2 当基础出现下列病害或损伤时，应进行基础的维修或加固：

1）混凝土桩基础存在颈缩、露筋、钢筋锈蚀等缺陷。

2）基础出现较大缺损、异常变位或承载力不足。

3）钢管桩涂层明显粉化、裂纹、起泡或涂层厚度显著降低。

3 基础冲刷超过设计值或基础防护出现破损时，应进行专项评估，并采取修复措施。

4 基础变位超出设计值，应进行专项评估，并采取修复措施。

**5.3.7** 河床的修复应符合下列规定：

1 当基础冲刷超过设计值、河床铺砌损坏等，应及时采取措施保持索塔及桥墩基础附近河床的稳定。

2 每次洪水过后，应及时清理河床上的漂浮物，使水流顺利宣泄。

3 因抢险、防汛需要修筑堤坝、压缩或拓宽河床时，应通过专家论证并采取有效的防护措施。

# 6 悬索桥的养护

## 6.1 主缆体系

**6.1.1** 悬索桥主缆体系的养护应符合下列规定：
1 主缆体系养护应保持各部件及附属设施功能正常、无缺损、无锈蚀。
2 主缆线形应满足设计要求，防护完好，表面平整，钢丝保持干燥，锚头、锚杆、拉杆、裸露索股无积水、渗水。
3 索夹应无滑移，紧固螺栓力保持在索夹抗滑要求范围内，并防止螺母锈蚀无法调整。
4 主索鞍应稳固，散索鞍（套）应能保证变位顺畅，偏移量应在设计允许范围内。
5 吊杆（绳、索）索力偏差应在设计允许范围内，防护完好。
6 主缆采用除湿系统防护的，内部相对湿度应不大于50%。

**6.1.2** 主缆体系日常养护应以清洁为主要内容，并应符合下列规定：
1 主缆及防护层、索夹、吊杆（绳、索）、索鞍、扶手绳和缆套等外表面的清洁每年不少于1次。
2 主缆体系部件的清洁应以各构件及周围环境为主要工作内容，定期清理杂物、积水、积雪、积灰、存留污秽及油渍等。

**条文说明**

引起主缆、吊杆（绳、索）系统损坏的主要原因是锈蚀，如保护层、表面涂装或缝隙填料损坏导致雨水或潮气侵入引起锈蚀等，因此主缆体系日常养护的重点是保证钢丝免受水分和外界其他有害物质侵蚀并保证外观清洁、美观。经常或定期清扫是保持其耐久性的基本前提。

**6.1.3** 主缆体系的预防养护宜结合桥梁检查的结果，每年应不少于1次。

**6.1.4** 主缆及其附属构件的预防养护应符合下列规定：
1 应涂刷主缆油漆剥落、破损部位，更换老化失效的油脂。

2 应对主缆走道立柱及扶手绳定期进行打油、涂漆防护。其锚固点有锈蚀或损坏的，应及时维修更换。

3 当采用涂层防护的主缆出现轻微涂层劣化时，对主缆防护涂层进行维护性涂装，且宜符合本规范第5.2.4条第2款的规定。采用除湿系统防护的主缆，应按除湿设备维护规定对系统进行维护。

4 应视老化情况，定期更换缆套端口及上、下半间的密封条或采取可靠的技术重新密封。

**条文说明**

1 对于采用涂敷油脂防锈处理的主缆或仅采取油漆的主缆索股的锚头、锚杆、裸露索股段，确保油脂防护的有效性是防护关键。主缆索股锚头在锚室内一般锚固在型钢拉杆、圆钢拉杆横梁或眼杆拉杆横梁上，这些构件多为含碳量较高的碳素钢或合金结构钢，且截面均较大；型钢则为一般低碳或低合金钢轧制构件。通过分析美国各寿命在近百年的悬索桥的维护情况，发现这些构件除存在腐蚀较为严重的腐坑外，尚未发现断裂现象，所以对其正常的维护就是保持锚室干燥和构件涂装完好。一旦发现焊缝处、眼杆处、螺纹根部等出现裂纹，则需专项研究处理。

3 主缆的涂层防护通常多采用重防腐系统，涂膜寿命在10~15年以上。一般5年以下不需要维修，在5~10年以内只需要局部维修或修补，10~15年及15年以上才可能采用大范围维修或重涂。涂膜维护选择局部维护，还是大面积维修或重涂，除考虑产品的寿命外，尚需根据涂膜检验的劣化评定结果和钢丝锈蚀检查的评定结果而定。对预防养护而言，主要针对轻微劣化或局部破损而采取的局部补涂。采用干燥空气除湿系统防护的主缆，预防养护主要为保证除湿系统运转的有效性、送气管路系统及主缆防护层的密封性。

**6.1.5** 索夹的预防养护应符合下列规定：

1 当索夹及其螺杆的涂装出现轻微涂层劣化时，应进行维护性涂装。

2 应更换索夹端部及半索夹缝隙间老化的填缝密封胶。

3 索夹螺杆应保持紧固力不低于其安装设计值的70%。建成通车第一个5年内，每年均匀选取不少于40%的螺杆，每2年半复拧一遍。建成通车5年后，可根据靠近索塔处索夹螺杆紧固力定期检查的结果进行评估，确定各跨每年选取的比例和位置。无评估时，可采取每年均匀选取25%的螺杆，每4年复拧一遍的模式。

4 索夹螺杆复拧时应避免单个张拉螺杆导致索夹的受力不均，宜对一个索夹的螺杆进行交叉张拉，对称施拧。

**条文说明**

1 索夹的防腐涂层与主缆一样，根据涂层劣化等级进行预防养护。

2 索夹填缝密封胶出现开裂、剥落等老化现象时，要及时更换，防止水分从索夹处侵入主缆。

3 根据实桥测试，一般悬索桥成桥后，索夹螺杆拉力损失均很大，特别是靠近索塔的索夹，当索夹螺杆轴力的降低幅度大于安装设计值的30%时，要补拧以保证索夹抗滑移系数不低于3。5年后，所有索夹已经历2遍复拧，根据国内外的一些研究结果，多次重复张拉能使索夹螺杆力随时间的下降幅度降低。在保证结构安全的前提下，为合理降低养护工作量，在通过定期检查对靠近索塔处（多塔悬索桥选取边塔）的索夹螺杆紧固力情况进行评估后，根据螺杆力随时间的下降幅度确定下一轮循环复拧的时间间隔和比例。与第1个5年在主缆均匀选取复拧对象不同，后续阶段要根据评估结果选择对象。

**6.1.6** 吊杆（绳、索）的预防养护应符合下列规定：
1 吊杆及减振架出现轻微涂层劣化时，应进行维护性涂装。
2 应定期对吊杆的锚头、叉耳与销子涂刷防锈漆，保持涂层完好。
3 应保持减振架及其减振性能完好。

**6.1.7** 索鞍（套）的预防养护应符合下列规定：
1 索鞍（套）钢构件涂层出现轻微涂层劣化时，应进行维护性涂装。
2 索鞍（套）应保持干燥、清洁、无漏水、无积水。
3 固定索鞍（套）及鞍座所含槽口拉杆、鞍体对合螺栓、鞍座固定螺栓，应每3年检查重拧一遍，防止松脱。
4 应更换存在脱落、卡嵌、剩余磨耗厚度过低现象的散索套四氟滑板。
5 索鞍的辊轴或滑板应保持正常工作状态，根据产品说明定期更换润滑油或防锈油，发现润滑油或防锈油失效时应立即更换。

**条文说明**

索鞍（套）指主索鞍、散索鞍及散索套。

**6.1.8** 主缆体系修复养护的时机应结合桥梁检查工作确定，并符合下列规定：
1 在悬索桥主缆体系经常检查中发现明显病害或缺陷时，应及时进行修复。
2 每次定期检查结束后，应对主缆体系主要病害进行针对性修复。
3 每8年宜进行1次主缆防护的全面修复。

**条文说明**

3 主缆体系的修复养护包括主缆修复、索夹滑移修复、索夹更换、吊杆防护修复、吊杆更换、长吊索风振控制、鞍座维修、体系改造等。采用传统四元防护系统的主缆，出现防护失效进行维修的年限根据材料、气候等因素不同，6~20年不等，大多在10年左右，偏于安全考虑，本款建议8年进行1次主缆防护的全面性修复养护。

**6.1.9** 主缆修复养护应符合下列规定：

1 采用涂层防护的主缆，当涂层严重劣化时，应进行重新涂装。重涂的防护体系宜单独设计。

2 采用缠包带防护的主缆，当缠包带破损时，应通过专项评估制订修复方案。修复所选用缠包带系统的可靠性应不低于原系统。

3 缠丝断裂散开，应先观察主缆钢丝是否锈蚀。待除锈并恢复原设计的防锈等级后，重新缠丝、恢复防护层，保证主缆防护层完好。

4 主缆钢丝存在锈蚀或断丝时，应对主缆内部进行特殊检查。对裂纹扩展至50%直径以上或腐坑已削弱截面50%以上的主缆钢丝，应进行局部钢丝拼接更换。主缆断丝较多时，应根据详细计算结果采取降低荷载等级或加固、更换主缆等措施。

5 主缆线形、垂度明显变化时，应分析原因。因主缆钢丝松弛导致的主缆线形偏差，应加强对主缆线形的定期观测。因塔顶鞍座移位导致的主缆线形偏差，应对鞍座位置进行纠偏，恢复主缆线形。

6 主缆各索股受力出现明显差异时，应调整索力，使各索股受力基本一致。

7 可采用永久观察窗对主缆全周长范围内钢丝表面进行持续观察和监测。

8 具备条件时，可加装主缆除湿系统。

9 既有悬索桥改扩建或其主缆受损、承载力不足时，可采用修复部分受损主缆索股、增加斜拉索形成拉吊组合体系桥或更换主缆等方法。

**条文说明**

1 主缆涂膜在10~15年以上时，基本接近或达到寿命期，或涂膜劣化或钢丝锈蚀达到严重程度，可以将主缆系统重新进行防护涂装或采用可靠、防护效果好的新型防护材料和体系进行修复，如S形缠丝替换圆形缠丝、纤维复合结构的天然橡胶带对主缆进行缠包、安装除湿系统等。

2 主缆防护系统中的缠包带有的是用来替代缠丝，有的是提高缠丝的防护等级。缠包带系统的主要作用是防止大气中的水分侵入主缆钢丝。目前，主缆防护系统中的缠包带主要有氯丁橡胶缠包带系统、三元乙丙橡胶缠包带系统和氯磺化聚乙烯复合材料系统。其厚度一般为1.2mm，户外使用寿命一般在20~25年左右。

缠包带老化现象表现在下列方面：

（1）当缠包带表面颜色泛黄逐渐至黄色（橡胶本色）且有粉化现象，此时需要在主缆上剪切一块缠包带样品进行力学性能测评，来研判修补方案。

（2）当缠包带表面颜色呈现黄色并有龟裂现象，此时缠包带老化较为严重，在对缠包带进行力学性能测评后，研判修补方案。

当缠包带系统外表或其涂层存在破损时，水分入侵主缆，会导致钢丝锈蚀的风险大幅提高。针对缠包带的破损情况，必须通过专门的检测与评估提出可靠的修复方案。修补方案一般分为常规修补方案和大修方案：

（1）常规修补方案：在经过缠包带力学测评后，判断其效果基本满足要求时，建议在现有缠包带外表面重新缠包一层面层，缠包的工艺、质量要求与成桥相同。

（2）大修方案：在经过缠包带力学测评后，判断其效果不能满足要求时，需要将主缆缠包带全部剥离后重新进行缠包，缠包的工艺、材料和质量要求与原设计相同。

3 主缆缠丝连同其上涂层，是主缆防护的最外层，直接承受腐蚀介质的作用。主缆缠丝的破坏，意味着涂装层破坏、失去主要防护能力，发现缠丝严重锈蚀或断裂时需要及时修复。小范围缠丝更换修复的主要工艺为：

（1）清除表面的涂层及密封膏（胶），露出缠丝金属表面。
（2）采用钎焊将拟拆除缠丝段两端进行并焊，钎焊长度满足抵抗缠丝张力的要求。
（3）从焊接处截断缠丝并拆除损坏的缠丝。
（4）对露出的主缆进行清洁，视情况或去除防护腻子等防护层，达到原主缆防护设计要求的清洁度。视主缆钢丝锈蚀情况进行除锈或更换。
（5）视情况重新涂刷主缆钢丝底漆、不干性腻子。
（6）重新缠绕钢丝，两端与原有缠丝旁焊。
（7）按防护设计要求涂刷（抹）其上的防护层、面漆，等完成修复。

4 主缆断丝的修复（拼接更换）工艺为（图6-1）：

（1）将断丝处索股绑扎松开，拉出断丝两端，剪除钢丝受损段至完好处。
（2）取2根适当长度新钢丝，用挤压连接套管，连接旧钢丝a和新钢丝1的端头。
（3）用花篮连接套管接新钢丝1和新钢丝2的端头，新钢丝端头处理符合花篮连接套管螺纹连接要求。
（4）张拉新钢丝2和旧钢丝b至主缆恒载下钢丝拉力值，剪除多余的新钢丝2，测量新钢丝2和旧钢丝b端头间隙。
（5）卸载松开连接新钢丝1和新钢丝2间的花篮连接套管，用挤压连接套管连接旧钢丝b和新钢丝2，端头间隙保持与测量值相同。
（6）张拉新钢丝1和新钢丝2至主缆恒载下钢丝拉力值，重新安装花篮连接套管。
（7）测量连接好的钢丝拉力值，调整花篮连接套管，将拉力值误差控制在主缆恒载下钢丝拉力值的±10%以内。
（8）复位钢丝并两侧扎紧索股。

图6-1 主缆钢丝拼接更换工艺示意图

5 若主缆线形变化（如下挠变大），需经多年往复，在相同气温下、无活载时测试复核确认后，再研究其发生下挠原因。出现这一病害时，一般多为主缆钢丝的松弛效应和主鞍座偏移，主塔非中心受压产生向主跨横向附加弯曲，引起主缆线形、垂度变化。在封闭交通条件下，解除主鞍锁定，中跨减荷，边跨加载，使主鞍移向边跨，恢复至要求位置再固定鞍座。主缆线形修复需经设计和施工的周密论证后实施。

8 悬索桥主缆在其桥梁设计寿命周期内是不可更换构件，主缆是悬索桥的主要承力结构，主缆防腐质量的优劣直接关系到大桥的使用寿命，传统的防护方法是涂抹防护腻子，并用缠丝缠绕，外加保护层。由于施工过程中的主缆可能受雨水侵蚀，以及使用过程中受动载作用的影响，防护腻子的老化和外护层的破损、空气中的水蒸气和雨水侵入等因素都会使得主缆中的钢丝因受潮而产生锈蚀。日本从1994年开始研究主缆除湿系统，即采用高气密性材料包覆，向主缆内部吹入干燥空气防腐。目前已有多座桥梁采用除湿系统进行主缆防护，取得了一定的研究成果和工程实践经验。采用主缆除湿系统更加灵活，基本上代表了今后主缆防护发展的方向，它可以连续地进行主缆内部湿气的处理，但需要一定的运营费用。我国目前在这一领域的研究总体还处于起步阶段，缺乏必要的试验数据、计算理论基础、设备材料性能指标的研究以及工程经验。已有一些地方标准可以供相关工程参考。主缆除湿系统的设计一般遵循空气过滤、空气除湿、干空气加压、冷却、送气、主缆内除湿与排气的工艺路线，并保证主缆密封。主缆除湿系统保证包括锚室、散索鞍、主索鞍在内的全部主缆系统处于一个相对封闭、干燥的环境。

9 悬索桥主缆更换的难度大，目前仅有个别的悬索桥更换过主缆，如法国的Tancarville桥（主跨608m）、Aquitaine桥（主跨394m），多米尼加共和国的Puente-Duarte桥（主跨175.5m）等。鉴于主缆是在悬索桥的受力体系中最重要的受力构件，对其进行更换必须整合设计、施工、监理、专项咨询和业主等多个专业机构，对可能影响更换过程中结构和施工安全的控制性因素进行详细分析和论证。在具体实施过程中还需加强安全监控，以确保主缆更换的施工安全。如更换期间有交通通行，还要通过有效的管控措施保障通行安全。

根据目前有限的工程经验，主缆更换的一般流程为：

（1）建立新的永久或临时主缆体系，包括新的锚碇、索鞍和主缆。

（2）通过新吊杆连接新主缆和主梁。

（3）张拉调整新吊杆的长度完成新旧主缆的荷载转移。

（4）拆除旧主缆与旧吊杆。

（5）如新主缆为临时主缆，则还需要安装正式的新主缆，并在临时与正式主缆间通过吊杆再做一次荷载转移。

（6）对最终安装的主缆进行防护处理，拆除临时构件，完成主缆更换。

在受损主缆修复过程中，针对单个索股损伤部位，在进行专门分析确定其割接修复不影响结构安全的前提下，可以采用套筒连接的索股替换受损区段，以满足主缆承载能力极限状态的承载力要求。在悬吊系统的更换中，要确保临时主缆自身及其与加劲梁连接的可靠性，待更换主缆与临时主缆的荷载转移要按照施工过程进行精细模拟。待荷载转移给临时主缆完毕后，方可分批更换主缆索股。主缆索股更换完成后，再进行与临时主缆的荷载转移，同样需加强全过程施工监控。

**6.1.10** 主缆观察窗的设置应符合下列规定：
1 观察窗宜选取主缆腐蚀风险大、便于施工和观测的位置处安装。
2 观察窗内应安装温、湿度传感器，对主缆内部温、湿度进行监测。
3 观察窗安装后，应进行气密性检测。
4 正常使用时，观察窗排水孔应密封。

**条文说明**

主缆受雨水浸蚀和积聚的最大风险处位于主缆线形最低处，如主跨中。观察窗是实现检查主缆丝股的快捷方法。传统观察窗窗口开在下侧底部，检查下侧主缆丝股时，可以揭开窗口。另外可以揭开窗口上的排水孔，以确定流入主缆的水分。最新的观察窗采用360°环状全透明，预留温湿度等的传感器，内部的温度、湿度和压力能随时监控，一旦超标，可以启动除湿系统，保证主缆处于干燥环境中。观察窗的安装与密封工艺基本同索夹。

**6.1.11** 索夹的修复养护应符合下列规定：
1 当索夹螺杆的螺纹根部开裂、螺纹严重锈蚀和损坏，或经评估需要更换时，应按下列要求更换螺杆：
1）一次更换同一索夹的多个或全部螺杆时，应分步均匀轮换卸载，分步、交替张拉安装到位，避免索夹局部受力过大。
2）索夹螺杆螺纹长度应足够，张拉旋进到位后，两端均宜留有3~5扣余量。
3）螺杆张拉力应按原设计张拉力实施。
2 螺杆松动导致索夹滑移，吊杆偏斜，超出设计要求限值时，应予以恢复。
3 索夹涂层破损，宜在定期检查后进行集中修复处治。

**6.1.12** 索夹更换应符合下列规定：
1 当索夹腐蚀严重或夹壁、耳板出现裂纹，检查评估结果认为索夹不能继续使用时，应更换索夹。
2 在原索夹位置更换索夹后，应按要求做好索夹及主缆钢丝的防护。

**条文说明**

6.1.11~6.1.12 复位或更换索夹一般流程为：
（1）在被更换索夹的两侧，解除主缆缠丝，并安装临时索夹和临时吊杆。可以根据实际情况在临时吊杆下端安装临时吊杆吊点。
（2）张拉临时吊杆，被更换的吊杆力由临时吊杆和索夹承受。
（3）拆除吊杆，解开索夹螺杆，清理并修复索夹处主缆表面防护。
（4）复位索夹至设计位置，张拉索夹螺杆，密封索夹环缝和半索夹缝隙，重新安装吊杆，张拉吊杆完成吊杆力转移。

（5）拆除临时索夹和吊杆，恢复主缆表面防护。

**6.1.13** 吊杆（绳、索）的修复养护应符合下列规定：

1 当吊杆长度超 20m，存在过大的风致振动时，可将同一吊点的吊杆用夹具（减振器）进行连接，夹具的设置间距应研究确定。

2 当吊杆有渗水现象时，应查明原因，有针对性地对吊杆防护进行修补。修补前，应对索体进行干燥处理。

**条文说明**

1 长吊杆在低风速下将产生自激振动（涡振），特别是双肢、四肢吊杆位于下风方向的索会产生尾流振动。对于吊杆之类的细长构件风致振动控制的问题，国内外学者已有大量研究，目前主要采用气动措施、结构措施和机械阻尼措施 3 类控制方法。

（1）气动措施适用于已知振动机理的单因素吊（拉）索振动控制，譬如预防拉索风雨振时在索表面打凹坑以及缠绕螺旋线方式等。

（2）结构措施主要通过提高结构频率和刚度使其起振风速增大、振动响应减小，目前常用的是在吊（拉）索中添加辅助索和分隔器，虽然施工方便，但影响工程美观。

（3）机械阻尼措施是通过给阻尼很小的吊（拉）索结构附加阻尼来提高其抗风稳定性，包括附加减振锤、调谐质量阻尼器以及各类固态和液态阻尼装置等。机械阻尼装置调试比较复杂，难以维护，特别是对多模态耦合下的结构振动，其设计参数难以确定，效果并不理想，而且对长吊（拉）索结构，安装位置的限制也极大地影响了其减振效果。另外，对起振负阻尼较大的柔细结构，其延时效应明显。针对西堠门大桥长吊索风致振动的研究揭示了尾流驰振附加抖振是长吊索大幅风振的主要原因，根据尾流驰振理论和吊索气弹模型试验结果，确定满足桥址处检验风速下不发生尾流驰振所需均匀安装的减振器最少数量，起到了较好效果。

**6.1.14** 吊杆（绳、索）更换或改造应符合下列规定：

1 吊杆出现下述情况之一时应予以更换：
1）钢丝断丝、锈蚀经检查评估不能满足承载要求。
2）锚杯内螺纹削弱，导致承载力不能满足设计要求。
3）吊杆锚头发生裂纹或破损。
4）吊杆锚头锈蚀，经检查评估不能继续使用。
5）使用年限接近设计使用年限，经检查评估不能满足承载要求。

2 吊杆宜逐根更换，更换时应对索长和索力进行双控，并根据更换目标的不同确定主控指标。

3 短吊杆经常性损坏时应分析原因，并宜进行结构性改造。

**条文说明**

1 除本条规定情况外，对耳板衬套（轴承）、叉耳销轴磨损严重，失去耐磨及润滑功能，但吊杆叉耳完好时，只需更换衬套和销轴。

2 悬索桥吊索更换的方案采用单根或多根同步更换取决于更换原因、结构安全、施工工期、通行安全等因素。由于悬索桥的几何非线性，对吊索的更换采取索长和索力双控，实际操作的困难较大，但更换采取双控仍是必要的，对桥塔、主缆、主梁的线形正常状态的吊杆更换，以吊索无应力索长主控兼顾索力是相对合理的；通过吊索调整桥梁变形则要以索力控制为主并兼顾变形指标改善。具体更换可以采用单吊点或多吊点张拉提升释放原吊索索力后拆除更换的方式，即分级同步张拉临时吊索至吊索拆除状态，拆除旧吊索、安装新吊索后分级同步均匀卸载临时吊索，使新吊索参与受力。

3 吊杆损害多来源于吊杆二次应力，特别在主跨跨中位置吊索最短，受其影响最大。吊杆产生二次应力的原因包括：

（1）吊索上端锚固于索夹、下端锚固于加劲梁，锚固位置存在刚度突变。

（2）不论平行钢丝吊索还是钢丝绳吊索，钢丝之间没有产生相对滑动、不存在整体截面的抗弯刚度。

（3）悬索桥结构在活载、制动力和风荷载的作用下，加劲梁与主缆之间纵桥向、横桥向会产生相对位移，主梁与主缆位移不同步，吊杆上下端错动，出现倾斜和局部弯曲，在锚头处形成弯折。

（4）吊索的风振与车振影响。

日本本州四国联络桥株式会社基于拉伸试验预测吊索强度安全系数的研究表明：锚固区域吊索只要经过20~30年，强度安全系数就会下降至要求水平以下，据此对包括日本大鸣门桥在内的多数悬索桥进行了改进，在短吊索处设置了斜扣索以降低短吊索的弯折。

**6.1.15** 索鞍（套）的修复养护应符合下列规定：

1 鞍座偏位超出设计要求并对塔身受力产生不利影响时，应对鞍座位置进行纠偏。

2 主索鞍和散索鞍（套）锚栓、鞍槽口拉杆螺栓及其他固定螺栓或对合螺栓出现开裂或断裂，应及时更换。

3 全铸、全焊或铸焊结合的鞍座局部出现裂纹时，不得随意补焊。

4 索鞍修复后，应按原设计要求恢复防护涂装。

5 两半散索套本体之间的间距超出设计限值，应张拉对合螺杆使两半散索套本体的间距恢复到设计位置。

6 索鞍修复施工过程中不得损伤主缆钢丝，发现索股断丝应予修复。

7 索鞍涂层破损时，宜在定期检查后进行集中修复。

**条文说明**

1 索鞍要保持正常工作位置，监测其偏位是否超限。若偏位满足要求但量值较大，需加密频次进行监测，同时进行桥塔变位检测，根据塔身受力决定是否采取修复措施。

3　由于鞍座承受巨大的集中力，此种修复需要十分慎重，必要时要关闭交通甚至考虑进一步卸载。补焊时要研究刨去的范围和深度、补焊工艺与程序。此后的运营中，仍需注意观测该处是否有新裂纹产生。考虑到鞍座在主缆体系中的重要承载作用，本款所指病害的修复难度和风险较大，需要进行细致的研究论证才能实施。

**6.1.16**　主缆体系的应急养护应符合下列规定：

1　主缆体系出现构件断裂等突发风险后，应实施交通管制，由专业机构进行应急检查与评估，根据评估结果对主缆体系采取应急养护措施。

2　索股整束破断可采用原索股搭接方式应急，应急后应及时采用可靠连接，恢复原有索股力。

3　吊杆过火或撞击后应对损伤情况进行特殊检查与评估，特殊检查基本要求应符合本规范表3.6.6的规定。承载力不能满足设计要求时应进行更换，应急期间应安装临时索夹与吊杆。

**条文说明**

2　主缆索股整束断裂一般仅发生在散索鞍和锚块之间，搭接连接的条件较好。

## 6.2　索塔

**6.2.1**　悬索桥索塔的养护应符合下列规定：
1　索塔鞍室应密封防水，防护罩应保持完好。
2　索塔其他的养护要求同斜拉桥索塔。

**6.2.2**　悬索桥索塔鞍室修复养护应符合下列规定：
1　主鞍室内未设专用除湿设备且相对湿度大于50%，应尽快安装除湿设备。
2　鞍室破损、密封门变形或胶条老化导致鞍室湿度异常时，应分析原因采取下列适宜的修复方案：

1）正常使用出现的破损、老化，宜按原设计的部件、材料、产品规格进行更换。

2）其他情况下，可根据鞍室密封不严的主要原因改进相关构件的材料与部件规格。

**条文说明**

1　悬索桥的鞍室中的主缆段没有主缆防护层，相对湿度超过50%时，会引发主缆钢丝锈蚀。

## 6.3 锚碇与锚梁

**6.3.1** 锚碇与锚梁的养护应符合下列规定：
1 锚碇内外保持清洁。
2 锚碇的排水系统功能正常，锚室内无积水。
3 锚碇与锚梁混凝土无裂缝、渗水、剥落和露筋等病害。
4 钢锚梁无锈蚀、开裂、异常变形、涂层脱落等病害。
5 锚碇与锚梁无超出设计允许的沉降、扭转及水平位移。
6 锚室内部相对湿度控制在50%以下。
7 散索鞍（套）座或混凝土锚块与锚固系统的界面处无开裂。
8 主缆入锚处无渗、漏水。
9 主缆锚固系统防护完好，无锈蚀，无异常变形，无防护油脂溢出。
10 隧道锚锚塞体与围岩接触缝隙的张开变化在设计限值内。
11 设护坡的锚碇，护坡及其排水设施完好，无明显塌陷、沉降、缺损。

**条文说明**

锚碇是地锚式悬索桥主缆的锚固构件，主要包括锚固装置、锚块、散鞍支墩和锚块基础，多为混凝土构造。锚梁或锚梁段是自锚式悬索桥主缆锚固于主梁上的锚固构造，从实践看有钢锚梁（段）和混凝土锚梁（段）等不同形式。锚碇的主要形式有重力式（派生出三角形框架重力式锚碇）和隧道式（岩洞式）两种。自锚式悬索桥锚固于主梁锚固段的锚室。总体上各种形式的锚室或锚洞要保持干燥，防止主缆与锚头产生锈蚀。无论出于结构受力及锚碇洞室内各种钢构件的长期防腐需要，还是采用何种锚碇结构，对其防水都要高度重视。锚室或锚洞有外露的索股或预应力、锚杆等锚固装置的，均要装设自动调节温度、湿度设备。

**6.3.2** 锚碇与锚梁的日常养护应以清洁为主要内容，锚碇与锚梁各构件的清洁每年应不少于1次。

**6.3.3** 应定期清理锚碇外表面附着的青苔、杂草、积水、杂物和其他污秽，以及锚室内表面、散索鞍（套）和周围的灰尘、杂物、积水等。

**6.3.4** 锚碇与锚梁的预防养护宜结合桥梁检查的结果，每年应不少于1次，并应包括下列内容：
1 更换无黏结预应力锚固系统老化变质的油脂。
2 更换锚头内老化的防护油脂。
3 涂刷锚固系统外露的金属构件。

4 涂刷钢锚梁及设有涂层混凝土锚梁内外破损的涂层。

5 涂刷锚碇内预埋金属件。

6 疏通锚碇与锚梁的排水系统。

**6.3.5** 锚碇与锚梁的修复养护的时机应符合下列规定：

1 锚碇与锚梁混凝土出现裂缝、剥落、渗水等现象，钢结构出现锈蚀以及垫板、承压钢板出现裂纹等现象，此时应分析原因并及时修复。

2 地锚或自锚式悬索桥锚固混凝土出现严重开裂或钢构件异常变形的，隧道锚的山体出现异常现象的，应对大桥采取封闭或限制交通措施，并立即实施修复。

3 发生地震、船撞等突发事件后，应对锚固区进行检查，发现损伤应及时进行修复。

**条文说明**

锚碇与锚梁的修复养护主要包括各类混凝土与钢结构缺陷的维修、锚室防水、索股锚固系统损坏修复等。

**6.3.6** 锚碇与锚梁缺陷的修复可参照本规范第5.2.6和5.2.7条的规定。

**6.3.7** 锚室防水的修复应针对渗漏水源及时采取疏导与封堵措施，并应符合下列规定：

1 对锚室内外所有螺栓孔、裂缝及接缝进行封闭，封闭材料应根据实际情况考虑潮湿状态和渗水压力状态下的正常固化。

2 锚室顶板采用预制板拼接而成的，可在上表铺设防水层，锚室内顶板接缝位置设置排水槽并用排水管接入锚碇排水系统。

3 原设计未设置排水系统的，可抬高锚室内地坪，并在其下增设排水系统，将渗漏水排出锚室外。

4 对存在较大地下渗透水压的情况，宜在锚室外周边布置永久的外部截水系统。

5 锚室外部截水系统应考虑地下渗流的方向，综合采用阻水止水帷幕与井降排水、排水廊道系统等措施。

**条文说明**

锚碇结构防水措施及实际处理效果极为重要，对保证锚碇结构的可靠受力、防水及洞室内部各种钢构件的防腐效果影响甚大，锚室一旦发现存在积水或渗漏要立即寻找渗漏水源，特别是连续阴雨天要加强观察，对重力锚要注意其顶板接缝、墙体与锚固区接缝、墙体模板螺栓孔。对隧道锚，需要对锚周的岩体完整性、裂隙发育及透水性等进行调查，明确原因后及时采取防水、堵水、排水、降水等综合措施。悬索桥锚碇渗水一般有下列几方面原因：

（1）锚体混凝土开裂，雨水直接通过裂缝渗入。

（2）对埋入地下的锚体，由于地质情况的复杂，建设时锚体周边的水流通道未封闭到位，或者由于时间较长，封闭的压浆和锚体周边防水层破坏，导致地下水在渗透压力下自混凝土裂隙渗入锚碇。

（3）主缆入锚室相交处，密封不严实，导致渗水。

**6.3.8** 索股锚固系统损坏的修复应符合下列规定：
1 宜在中断交通且气温稳定的时间段进行维修。
2 应测定损坏锚固系统对应索股的索股力。
3 更换损坏的部件后，应重新将索股张拉至原拉力后锚固。

条文说明

悬索桥锚碇锚固系统多采用前锚式，体系上基本上可分为型钢锚固体系和预应力锚固体系两种类型。预应力锚固体系一般包括索股锚头（螺杆横梁）、螺杆、螺母、连接器和预应力系统。型钢锚固体系一般为索股锚头、锚箱和锚杆。这些构件出现个别损坏时按本条进行更换，大面积出现问题时要立即封闭交通，按程序处理。索股力要在修复施工前用振弦法测定，并在放松索股时，记录索股拉力进行验证。

## 6.4 特有附属设施

**6.4.1** 悬索桥特有附属设施的养护应符合下列规定：
1 各特有附属设施运转持续正常，作用效果达到设计要求。
2 各特有附属设施清洁、自身防护完整，无破损。

条文说明

悬索桥特有附属设施主要为主缆中央扣、主缆除湿系统、锚（鞍）室除湿系统、主缆检修车、锚碇养护通道等。

**6.4.2** 特有附属设施的预防养护应符合下列规定：
1 主缆、锚（鞍）等空气干燥、除湿设备的预防养护宜符合本规范第8.8节的规定。
2 悬索桥主梁与主缆间的中央扣的预防养护可按相关组成构件的预防养护要求执行。

**条文说明**

2 悬索桥中央扣有三角桁架的刚性中央扣和斜拉（吊）索的柔性中央扣两类。中央扣索夹分为骑跨式和销接式，其预防养护参考主缆索夹的预防养护。连接主梁的斜拉钢丝索（绳）及锚固系统（承压式、销铰式）的预防养护参考吊杆（斜拉索）及其锚固系统的预防养护；连接主梁的钢结构三角桁架的预防养护参考钢桁架主梁的预防养护。

**6.4.3** 特有附属设施的修复养护应符合下列规定：
1 主缆、锚（鞍）等空气干燥、除湿设备的修复宜按本规范第 8.8 节的规定。
2 悬索桥主梁与主缆间中央扣的修复养护可按相关组成构件的预防养护要求执行。

**条文说明**

2 中央扣索夹修复养护可以参考主缆索夹的修复养护。中央扣斜拉钢丝索（绳）更换可以参考吊杆（斜拉索）更换，更换时需要封闭交通作业。中央扣钢结构三角桁架的修复养护参照钢桁架主梁的修复养护。

**6.4.4** 主缆可根据养护实际需求，增设牵引式主缆检修设备或自行式主缆检修设备，其爬坡能力不得低于主缆最大倾斜角度，且应具备可跨越索夹、扶手绳支架及吊杆的能力，应能满足主缆与吊杆载人检查、养护的安全工作需要。

**6.4.5** 锚碇内外的钢制平台和通道的养护宜按本规范第 8.11 节的要求进行。

# 7 主梁的养护

## 7.1 钢主梁

**7.1.1** 缆索结构体系桥梁钢主梁的养护应符合下列规定：
1 钢主梁内外清洁、无积水。
2 钢主梁各构件涂层完整，防护性能符合设计要求。
3 钢主梁线形平顺，各构件（含栓接、焊接）完好，强度、刚度和稳定性符合设计要求。
4 钢结构主梁无异常振动。
5 钢箱梁等封闭空间内相对湿度不大于50%。

**条文说明**

本条提出缆索结构体系桥梁全钢结构主梁的养护总体要求。根据本规范第1.0.5条的规定，本节具体内容只包括与主缆、拉（吊）索相连接的钢主梁的锚固部分，如钢锚箱、锚拉板、自锚式悬索桥锚梁等。
5 对封闭空间内湿度要求是针对设置有除湿系统的情况。

**7.1.2** 钢主梁索缆锚固区的日常养护宜根据检查结果清理结构内外表面，每年应不少于2次，暴露于桥面的部分应每季度1次。

**条文说明**

通过清除锚固区内外表的杂物、积水与污染物，改善结构使用环境，延长结构使用寿命。

**7.1.3** 钢主梁索缆锚固区可采用人工清理的方法，并应满足下列要求：
1 耳板式应对耳板、螺栓和销孔表面及周围的灰尘、积水、垃圾、杂物等进行清理。
2 锚拉板式应对锚拉板和焊缝表面及周围的灰尘、积水、垃圾、杂物等进行清理。
3 锚箱式应对锚板和护筒面及周围的灰尘、杂物等进行清理，对构件的连接部位和锚箱内积水进行清理。

4 锚管式应对钢管表面及周围的灰尘、杂物等进行清理，对钢管内积水进行清理。

**条文说明**

索缆锚固结构会根据各种因素有所变化，这些因素主要有拉（吊）索的布置、钢箱和钢桁主梁的截面形式、自锚式悬索桥锚梁的构造等，且锚固区的受力和构造复杂，是养护的重点。对拉（吊）索采用吊耳、锚拉板等形式的，要注意梁段吊耳局部锈蚀及与风嘴连接处积水、垃圾等杂物的清理，对采用锚箱和锚管的要注意检查锚箱和钢管内部积水，锚板、护筒保持清洁、干燥。

**7.1.4** 钢主梁索缆锚固区的预防养护应以涂装和防水为主要内容，实施预防养护的时机应符合下列规定：
1 钢主梁索缆锚固区涂层出现轻微劣化、开裂或局部脱落。
2 钢主梁索缆锚固区出现渗水、积水。

**7.1.5** 钢主梁索缆锚固区的预防养护应符合下列规定：
1 锚固区涂层防护的维护性补涂宜采用本规范第 5.2.4 条第 2 款的规定，补涂的工艺、材料和质量要求与原设计相同。
2 锚固区除锈时，应注重对结构焊缝和拉索、吊杆锚具的保护。
3 锚固区出现渗水、经常性积水时，应及时查明原因并采取针对性措施。

**条文说明**

缆索桥梁可靠性在很大程度上取决于锚固区的可靠性，出现渗水和经常性积水要重视，防止缆索锚固区锈蚀。如因拉索、吊杆 PE 护套破损导致渗水的，要立即对破损的索体 PE 护套进行修复；对因防水罩密封圈老化导致渗水的，要立即更换防水罩密封圈，重新进行密封，并在锚固端锚具保护罩上或索导管上设立泄水口。

**7.1.6** 钢主梁索缆锚固区修复养护的时机应符合下列规定：
1 每年定期检查结束后，宜对钢锚箱和锚拉板进行一次全面的修复。
2 桥面耳板、锚拉板发生车撞等突发事件后，应立即进行外观和焊缝的无损探伤检查并及时进行修复。
3 锚固构造及周边局部钢板锈蚀、变形、开裂时，应及时进行修复。
4 锚固构造与钢主梁连接的高强螺栓锈蚀、松动、缺失时，应进行修复。
5 锚固构造焊缝锈蚀、开裂时，应及时进行修复。

**条文说明**

1 钢主梁锚固区（除耳板、锚拉板结构形式外）多位于箱梁内部或底部，日常检查和维护较为困难，结合桥梁定期检查结果统一进行维护较为合理。

2 耳板和锚拉板位于桥面，存在受到车辆撞击或其他外力作用下连接失效的可能性。

**7.1.7** 钢主梁索缆锚固区的修复养护应符合下列规定：

1 锚固区构造板件出现锈蚀、开裂或异常变形时，应根据不同成因采取下列维修方案：

1）锚固构造板件变形宜采用机械矫正。

2）锚固区疲劳裂纹的修复目标应以改善构造细节、降低裂缝区域疲劳应力幅度的方法为主。

3）焊缝裂纹应根据轻重程度和成因采用适当方式进行处理。

4）较短裂纹，可仅采用钻设止裂孔的方式，止裂孔应设置在裂纹尖端前方0.5~1倍板厚处，直径不宜小于板的厚度，孔中心与裂纹延长线偏差应控制在5mm以内。止裂孔宜采用高强度螺栓栓紧，并列入经常检查的检查点，跟踪裂纹的扩展情况。

5）对贯穿型裂纹，止裂孔应取两侧板面裂纹最远端的位置。

6）300mm以上的较长裂纹，钻设止裂孔后，还应按等刚度、等强度原则进行跨裂纹加衬钢板加固，钢板边缘到现有焊缝端头处的间距不应小于150mm，并宜用高强度螺栓沿裂纹位置进行夹紧。

7）钢板开裂、锈蚀、变形严重，影响承载能力时，宜采用栓接钢板进行补强处理。

8）补强钢板采用焊接连接时，焊接热量不得危及索缆锚头，必要时应采取冷却措施。采用螺栓连接时，螺栓间距可取3~4倍板厚，螺栓中心到板边缘的距离最大为8倍板厚和120mm的较小值，且不得小于2倍栓孔直径。

2 紧固或更换高强螺栓应符合下列规定：

1）高强螺栓的拧紧或更换时，欠拧值或超拧值均不应超过规定值的10%。

2）高强螺栓应逐个更换，其螺母及垫圈的材质、规格、强度等级应与原螺栓相同，原则上不得混用，否则应当作专项研究确定其可行性。

3）高强螺栓的施工预拉力应符合原设计要求。

4）紧固或更换的高强螺栓、涂装破损的螺栓应重新封闭螺栓与板件间缝隙，按原涂装方案重新涂装。

**条文说明**

1 缆索结构体系桥梁的钢主梁锚固区受力复杂、应力水平较高，同时构造上易积水、积灰，锚固区油漆容易老化、剥落，造成钢构件和螺栓锈蚀，一旦发现病害要及时开展修复养护。造成钢主梁锚固区焊缝出现裂缝或异常变形的原因有多种，如焊接质量、结构细节不合理、疲劳开裂等，特别在锚固区构造上呈现规律性的病害，维修方案除恢复裂缝功能或矫正异常变形外，还要消除导致此类病害的主要因素。构件变形可以采用机械矫正或火焰矫正的方法进行恢复，对锚固区优先采用机械矫正，以避免高温对锚头的影响。焊缝裂纹由焊接缺陷造成的，适用钻设止裂孔、削磨、锤击、补焊等方式。锚固区钢结构及焊缝疲劳裂纹的修复方法有加衬钢板、改善构造形式、补焊等方式。

## 7.2 混凝土主梁

**7.2.1** 混凝土主梁的养护应符合下列规定：
1 混凝土主梁线形平顺，各构件完好，强度、刚度、稳定性符合设计要求。
2 混凝土主梁涂层防护完整，无破损。
3 混凝土主梁内外表面清洁，无结构性裂缝、渗水、剥落、蜂窝和露筋、锈胀等病害。

**条文说明**

本条提出缆索结构体系桥梁混凝土主梁的养护总体要求。混凝土主梁除索缆锚固区外与其他形式的混凝土桥梁的养护无重要区别，因此混凝土主梁一般的养护维修按现行《公路桥涵养护规范》（JTG 5120）执行，与拉（吊）索系统连接的锚固区、锚块和自锚式悬索桥混凝土锚梁等按本规范执行。

**7.2.2** 混凝土主梁索缆锚固区的日常养护应以清洁为主要内容，每年应不少于 2 次。

**7.2.3** 混凝土主梁索缆锚固区可采用人工清理的方法，对表面及周围的灰尘、垃圾、积水、杂物等进行清扫。清洁不得对混凝土和承压钢板、锚具、护筒造成腐蚀。

**7.2.4** 混凝土主梁索缆锚固区的预防养护应以防锈和防侵蚀为主要内容，实施预防养护的时机应符合下列规定：
1 混凝土索缆锚固区钢筋存在锈蚀风险。
2 混凝土防护涂层轻微劣化、局部破损。

**7.2.5** 混凝土主梁索缆锚固区的预防养护应符合下列规定：
1 锚固区混凝土钢筋锈蚀的预防，可采取涂刷渗透型阻锈剂、表面涂层防护等附加防腐措施。
2 锚固区涂层防护的维护性补涂宜满足本规范第 5.2.4 条第 2 款的规定，补涂的工艺、材料和质量要求应与原设计相同。

**7.2.6** 混凝土主梁索缆锚固区修复养护的时机应符合下列规定：
1 混凝土主梁锚固区的修复养护宜结合定期检查工作进行。每年定期检查结束后，宜对混凝土主梁锚固区进行一次全面修复。

2 发生地震、船撞等突发事件后，应对锚固区进行检查，发现损伤应及时进行修复。

3 锚固区出现异常变形、振动和响声时，应及时进行修复。

4 混凝土梁锚块或锚梁索缆预埋承压钢板锈蚀、变形时，应及时进行修复。

5 锚固区混凝土出现裂缝、剥落、渗水时，应及时进行修复。

6 锚固区混凝土防护涂层严重劣化、破损面积超过10%时，应进行修复。

条文说明

1 混凝土主梁锚固区（除锚拉板外）多数位于梁体两侧、内部或底部，日常检查和维护较为困难，结合桥梁定期检查结果统一进行维护较为合理。

2 缆索锚固区为缆索结构体系桥梁重要部位，在发生突发事件时，要立即进行检查。

3 国内斜拉桥和悬索桥由于锚固区失效引起的事故很少，但吊杆拱桥事故多数由锚固区失效引起。吊杆拱桥锚固区失效的案例（如重庆綦江彩虹桥、四川宜宾南门大桥）表明，在锚固区失效前均发生异常变形、振动和响声现象。

**7.2.7** 混凝土主梁索缆锚固区的修复养护应符合下列规定：

1 混凝土主梁锚固区出现裂缝、剥落以及垫板、承压钢板变形异常时，应分析原因并进行处治。

2 进行了防护涂装的混凝土主梁，其锚固区涂层劣化的修复宜满足本规范第5.2.7条第4款的规定。

条文说明

混凝土主梁与索缆的锚固区的受力复杂、钢筋集中，结构发生损伤对其安全威胁较大。锚固区混凝土裂缝、剥落、锈胀和承压板状态是重要的损伤信号，要认真对待。

## 7.3 钢-混凝土组合、混合结构主梁

**7.3.1** 钢-混凝土组合、混合结构主梁与索缆连接构造的养护工作应分别符合本规范第7.1节、第7.2节的规定。

**7.3.2** 钢-混凝土组合、混合结构主梁应重点对结合面的脱开、滑移和渗漏等进行检查，发现上述病害应及时进行修复养护。

# 8 桥面系及附属设施的养护

## 8.1 桥面铺装

**8.1.1** 公路缆索结构体系桥梁桥面铺装养护应符合下列规定：
1 应严格控制铺装层厚度。当引起荷载变化时，应在进行专项评估后方可实施。
2 桥面铺装出现规律性或严重的裂缝、鼓包、车辙、推移等病害，或发生火烧、化学物腐蚀等特殊事件后，或实施养护前应及时进行特殊检查评定。
3 完成铺装病害修复养护并达到验收标准后，可同步实施预防养护。

**条文说明**

1 缆索结构体系桥梁桥面铺装相对重度或厚度的改变将影响并改变主梁的线形及受力状况，可能会对桥梁安全和使用性能产生影响。因此，铺装维修中要严格控制铺装厚度，尽可能与原设计保持一致。进行预防养护的封层、罩面等不建议太厚；铣刨重铺方案中，如果铺装厚度、材料相对重度与原设计有区别，要对桥梁结构进行验算，分析永久荷载的变化带来的影响，并评估对桥梁护栏高度的影响。

**8.1.2** 钢桥面铺装预防养护的使用年限应不低于 2 年。修复养护的设计使用年限应根据铺装修复面积确定，并应符合下列规定：
1 修复区域面积不大于 $100m^2$ 时，设计使用年限应不低于 2 年。
2 修复区域面积大于 $100m^2$ 时，设计使用年限宜不低于 5 年。
3 修复区域超过一个车道时，设计使用年限应综合原设计和现行《公路钢桥面铺装设计与施工技术规范》（JTG/T 3364-02）要求进行确定。

**条文说明**

由于公路缆索结构体系钢结构桥梁铺装维修技术难度高，质量难以保证，所以本规范专门针对钢桥面铺装养护和维修后最短使用寿命作出了规定。

**8.1.3** 桥面铺装日常养护应符合现行《公路沥青路面养护技术规范》（JTG 5142）的相关规定，及时处治各类病害及异常情况。

**8.1.4** 桥面铺装的预防养护应符合下列规定：

1 预防养护措施应根据交通荷载、原桥面状况和选用的技术措施等因素合理选择。
2 预防养护措施宜兼顾铺装结构增强和功能提升。
3 预防养护实施之前，应对桥面的裂缝、坑槽等病害进行处治。
4 预防养护应在桥面连续干燥48h后选择适宜天气实施，不得在雨天或桥面潮湿情况下施工。

**8.1.5** 钢桥面铺装的预防养护措施宜根据铺装材料类型进行确定：

1 磨耗层为非酸性粗集料的热熔改性沥青类，宜采用抗滑精表处。
2 磨耗层为环氧沥青类以及酸性粗集料的热熔改性沥青类，宜采用超固封层。
3 磨耗层为水泥类、环氧沥青类以及热熔改性沥青类，可采用抗滑磨耗层。

**8.1.6** 桥面铺装的修复养护除应满足现行《公路沥青路面养护技术规范》（JTG 5142）的要求外，还应符合下列规定：

1 当铺装保护层基本完好而铺装磨耗层病害较严重时，宜仅对铺装磨耗层进行铣刨重铺；当铺装保护层、磨耗层均出现严重病害时，宜采用全厚式处治方案。
2 钢桥面铺装在修复施工中，不应采用钢轮振动碾压方式进行压实。
3 修复过程中应跟踪桥面铺装病害发展情况及现场修复之后的破损状况，实行养护方案动态设计。
4 对桥面铺装进行罩面和重铺时，应对桥面高程进行监控。

**条文说明**

4 缆索结构体系桥梁柔度相对较大，容易出现下挠和扭转变形。因此，在进行桥面铺装罩面和重新铺筑时，要做好铺装高程的监控工作。

## 8.2 护栏

**8.2.1** 公路缆索结构体系桥梁护栏的养护应符合下列规定：

1 护栏应保持结构完好稳固，满足阻挡、缓冲和导向等功能要求，防撞等级、最小设施长度、材质、几何尺寸和安装方式等应符合有关规范的要求。
2 附着于护栏的防眩板、风障等设施应连接可靠、结构完整、功能正常。
3 护栏的外形与构造不得随意改变。

**条文说明**

1 伸缩装置、桥塔、灯柱等位置处的护栏连接改造时尤其要满足防撞要求。
3 护栏外形、构造对缆索结构体系桥梁的气动外形有重要影响。

**8.2.2** 风障的养护应符合下列规定：
1 风障拉索应光滑、洁净，张力符合要求，无氧化皮、划伤、松弛等缺陷。
2 立柱应无明显锈蚀、涂装脱落病害；连接螺栓应牢固，无松动、脱落现象。
3 风障条表面应光滑平整、厚度均匀、形状规整、色泽一致，无裂纹、变形、凹陷和色差等缺陷。

**8.2.3** 护栏的日常养护应以护栏清洗为主要内容。实施日常养护的频率宜结合日常巡查和经常检查的情况确定，宜采用清洗车配合人工清理，过程中应节约用水和环境保护。

**条文说明**

利用机械冲洗车进行清理时，要依据国家相关标准规定，控制行车速度和用水量，以到达节约水资源的目的，符合绿色养护的要求。

**8.2.4** 护栏的预防养护应以定期涂装为主要内容，涂装时机应结合护栏类型、所处腐蚀环境类型、防护年限、锈蚀程度、原涂层体系等综合确定。

**8.2.5** 护栏出现下列情况时，应及时进行修复养护：
1 金属梁柱式护栏和波形钢护栏出现部件缺损、锈蚀、松动、立柱或横梁倾斜变形。
2 混凝土护栏出现明显裂缝、破损或变形。
3 活动护栏的开启或关闭出现异常。

**8.2.6** 护栏在撞击、火烧、化学物腐蚀等突发事件中损伤时，应采取应急养护措施。损伤严重时应进行专项评估。

## 8.3 伸缩装置

**8.3.1** 公路缆索结构体系桥梁伸缩装置的养护应符合下列规定：
1 伸缩装置应平整、顺直、无漏水，伸缩变形功能应完好。
2 伸缩装置的缝内应清洁、无杂物，锚固区混凝土应完好。
3 模数式伸缩装置各弹性元件功能应完好、无缺损，重车通过时应无明显冲击异响，各滑动面应磨损正常、润滑良好、滑移顺畅。
4 梳齿板式伸缩装置齿板齿尖应无翘曲、断齿，齿部与底板应接触良好并有足够预压力。
5 特殊车辆需经过伸缩装置时，应提前采取保护措施。

**条文说明**

5 由于公路缆索桥梁伸缩装置一般规格较高、宽度较大，当超限机动车、履带车、铁轮车等特殊车辆需经过桥梁伸缩装置时，要报管理部门审批，采取相应保护措施后才能通行，以防止伸缩装置发生过度的弯曲变形。

8.3.2 伸缩装置的日常养护应以清洁和保养为主要内容，并应符合下列规定：
1 伸缩装置的清洁每月不应少于 1 次。
2 伸缩装置保养宜结合日常巡查与经常检查进行。发现伸缩装置构件松动、脱落、积尘、排水口堵塞等轻微病害时，应及时处理。

8.3.3 伸缩装置的清洁宜采用机械清理的方式，对清理出的杂物妥善收集并集中处理，清洁过程应对环境予以保护。

8.3.4 伸缩装置的预防养护应以耐久性防护为主要内容，宜结合定期检查进行，并应符合下列规定：
1 修补伸缩装置槽区混凝土轻微损坏、开裂。
2 伸缩装置钢构件涂层轻微劣化或局部破损时，按本规范第 5.2.4 条第 2 款的规定进行维护性补涂。
3 对需要润滑的构件表面进行清洁与上油。

8.3.5 伸缩装置出现下列情况时，应及时进行修复养护，且各类伸缩装置经修复养护后性能应恢复至原设计及有关规范的要求：
1 超过预防养护处治范围的病害或损伤。
2 伸缩装置局部构件或单元明显磨损、损坏、缺失，失去部分使用功能。
3 伸缩装置锚固螺栓或连接螺栓松动，弹性元件弹性损失造成伸缩装置振动加剧。
4 伸缩装置锚固区混凝土较大范围破损、开裂。
5 伸缩装置钢结构锈蚀明显。

8.3.6 伸缩装置出现下列情况时，应进行整体更换：
1 伸缩装置达到国家、行业标准或产品使用说明书中规定的使用寿命，经评估不满足使用功能要求。
2 伸缩装置整体或局部构件出现严重损坏、锈蚀，装置不能正常变形及转动，经专项检测和评估后认为需要整体更换。

## 8.4 排水设施

8.4.1 公路缆索结构体系桥梁排水设施的养护应符合下列规定：

1 泄水管、排水槽、排水管道等排水设施应满足排水需要，保持完好、畅通。
2 桥面、主梁、索塔等结构应排水顺畅。
3 排水管道的锚固或连接件构造出现开裂、变形、锈蚀时，应对连接可靠性进行评估，不符合要求时，应及时维修。

**条文说明**

缆索结构体系桥梁在运营使用过程中，由于构造原因或局部病害，在主梁、索塔等结构容易出现积水，影响结构和设施的耐久性。因此，本条对这些结构的排水提出要求。

**8.4.2** 排水设施的日常养护应以排水设施的清理和冲淤为主要内容。实施日常养护的频率应符合下列规定：
1 桥面泄水孔、排水沟应每季度至少 1 次；PVC 泄水管应每年至少 1 次。
2 雨季应适当提高排水系统的清理和冲淤频率。
3 处于水环境敏感路段、扬尘或污染严重区域的桥梁应适当提高排水系统的清理和冲淤频率。

**8.4.3** 排水设施的清理和冲淤宜采用冲洗车配合人工清理，养护过程应节约用水和保护环境。养护后的排水系统应无淤积堵塞，排水畅通。

**条文说明**

利用机械进行清理时，要依据国家相关标准规定，控制用水量，以达到节约水资源的目的，并符合绿色养护的要求。

**8.4.4** 排水设施的构件有损坏、变形、缺失时应及时进行修复养护。锈蚀的钢泄水管应作及时除锈和防腐处理，锈蚀严重时应更换。

**条文说明**

在采用以钢箱梁为主梁的斜拉桥和悬索桥中，桥面泄水管一般设置在风嘴位置，采用焊接方式从风嘴处穿过。若泄水管发生锈蚀，容易导致桥面积水渗入钢箱梁内。因此，对钢制泄水管的腐蚀问题要及时处治。

**8.4.5** 桥梁下列部位出现积水时，应及时清除并查找原因采取针对性防护措施：
1 缆索系统的锚头。
2 斜拉索、吊杆在桥面的交接位置或连接构造处。
3 钢结构连接构造处（节点板、凹槽、接缝）。

4 塔梁连接构造，索梁锚固构件。
5 钢桥面铺装在车道边缘、泄水管边缘位置。

条文说明

在缆索体系桥梁运营养护过程中发现，桥梁部分结构及构造位置处容易形成积水，这些位置往往隐蔽、不易发现，长时间积水容易引起钢结构及构件的锈蚀，是养护工作中的盲区。因此，在检查和养护中，要对这些部位加强关注，及时清除积水，对经常积水的部位要考虑设置防排水措施。

## 8.5 支座

**8.5.1** 公路缆索结构体系桥梁支座的养护应符合下列规定：
1 支座承载应可靠，滑动、变位灵活。
2 承压支座与上下临近构造应保持密贴，无脱空或局部接触的现象。
3 主梁的支座局部承压区和垫石应保持完好，无明显裂纹、开裂、破损等病害。
4 支座各部分应保持完整、清洁、有效，无锈蚀、积水和积尘。

**8.5.2** 支座的日常养护应以清理支座表面与周边的垃圾、杂物，清洁滑动和转动面脏污，紧固松动螺栓为主要内容。每年不应少于2次。

条文说明

滑动、转动面随着温度的变化，会不断露出脏污物，采用每年冬、夏季两次处理的频次可以基本实现彻底和快速处理。

**8.5.3** 支座的预防养护宜结合桥梁检查的结果，对支座进行集中维修与更换，并应符合下列规定：
1 支座钢构件涂层轻微劣化或局部破损时，按本规范第5.2.4条第2款的规定进行维护性补涂。
2 对容易遭受污染、积灰的支座，应根据支座具体结构专门设计和安装防尘罩，并满足支座检查和养护维修的方便性要求。

**8.5.4** 支座出现下列现象时，应进行更换：
1 支座达到国家、行业标准或产品使用说明书中规定的使用寿命，经评估不满足使用功能要求。
2 主体受力钢构件异常变形、裂纹、开裂、破损。
3 承压橡胶老化龟裂或挤出破坏；滑板错位、压溃、掉落，或外露磨耗高度低于

0.5mm；不锈钢板工作面锈蚀、拉伤，钢板脱焊、撕裂或脱落。

4 支座在变位过程中，零部件相互干涉或位移超限、转动角度超限。

5 其他钢支座、线接触类支座出现疲劳啃蚀以及压溃、锈蚀现象。

**8.5.5** 支座的修复应符合下列规定：

1 支座更换时，同一桥墩上对称布置的支座宜采用相同类型。由于抗压承载力不足引起的支座破坏，应通过评估选择适宜的支座型号。

2 更换支座或零部件时，宜采用同步顶升工艺进行顶升作业，顶升过程中应进行顶升力和顶升量的双控作业，并满足设计要求。

3 更换的支座滑板应选用性能优质、稳定可靠的材料，满足支座滑板磨耗试验标准的相关要求。

4 支座上下部临近构造出现裂纹、开裂、破损、变形时应分析原因，采取针对性加固补强措施。

**条文说明**

1 公路缆索体系结构桥梁在运营一段时间后，受多种因素的影响会使得结构内力重分配，个别支座受力增大后可能会超过原有承载力并发生损坏。在这种情况下，如果仅是更换了相同型号的支座，使用一段时间后仍会发生损坏。因此，当支座损坏由抗压承载力不足引起时，要进行计算和评估，确定适合的型号。

3 滑板用于缆索体系桥梁结构时，其摩擦磨耗工况较其他桥梁结构严苛，位移幅值大，频度高，结构受力和变位条件相对复杂，已在众多缆索体系桥梁中出现过早、过度磨耗情况，直接降低了支座使用寿命，为此作特别规定。

4 支座的上下部临近构造主要是指钢主梁、混凝土主梁和支座垫石等构造。

**8.5.6** 特殊支座的修复养护应符合下列规定：

1 遭受地震、船撞等突发事件后，应检查减隔震支座的状况。对损坏的组件进行修复，丧失减隔震功能的支座应进行更换。

2 拉压支座的拉力螺栓或锚固构造出现断裂或脱开时，应立即设置临时受拉构造，分析原因并进行维修或支座更换。

## 8.6 防撞设施

**8.6.1** 公路缆索结构体系桥梁防船撞设施的养护应符合下列规定：

1 防船撞设施各部分应保持完整、清洁。

2 应防止浮动式防船撞设施卡死。

**8.6.2** 防船撞设施的日常养护应以结构清洁为主要内容，清洁宜采用人工及机械配合的方式，对设施表面附着物及周围的垃圾、杂物进行清理。每年应不少于1次。

**8.6.3** 防船撞设施的预防养护为涂漆、润滑与螺栓紧固，宜结合桥梁检查的结果确定，并应符合下列规定：
1 防船撞设施的预防养护时机应综合考虑设计规定、水的腐蚀性、冲刷及涂层的耐久性。
2 钢制防船撞设施的防腐与螺栓紧固，每年宜为1次。
3 浮式防船撞设施沿桥墩表面滑动组件的润滑，每年应不少于1次，宜安排在汛期或主要的水位变动期临近前。

**条文说明**

3 浮式防船撞设施的润滑安排在汛期或主要的水位变动期临近前，有利于保证其随水位升降机构的滑动顺畅。

**8.6.4** 防船撞设施出现下列情况时，应及时进行修复养护：
1 钢质材料防船撞设施防护层开裂、剥落、生锈。
2 复合材料防船撞设施的外板出现开裂或剥离、凹坑。
3 混凝土材料防船撞设施表面开裂、剥落、掉角。
4 橡胶防船撞护舷出现开裂、破损等。
5 防船撞设施老化或出现船撞损坏。

**条文说明**

进行防船撞设施更换的原因主要为老化和损坏。老化，如橡胶护舷老化变硬失去了弹性变形缓冲耗能能力；损坏，如船撞导致防撞设施的损坏，又如钢套箱防船撞设施在小型船舶碰撞后进行局部维修、大型船舶碰撞后进行拆卸修复或更换部分节段等。

**8.6.5** 防船撞能力不足时，应在桥梁现状调查及船撞风险评估的基础上确定抗撞能力的合理需求。

## 8.7 塔梁阻尼器

**8.7.1** 公路缆索结构体系桥梁塔梁阻尼器的养护应符合下列规定：
1 阻尼器各部件应保持完整、清洁。
2 阻尼器与结构应可靠连接，连接螺栓不得松动。
3 应保证阻尼器的功能正常。

**条文说明**

阻尼器是桥梁抵抗风荷载和地震荷载的主要耗能装置。在汽车制动荷载、温度作用、风荷载和地震荷载作用下，要保证阻尼器两端能够自由伸缩，防止阻尼器卡死而失去作用。

**8.7.2** 塔梁阻尼器的日常养护应以表面清洁、紧固松动的螺栓为主要内容，宜结合定期检查采用人工清扫与检查，每年应不少于1次。

**条文说明**

阻尼器活塞部分外露，其外表面清洁十分重要。活塞表面被污垢附着，可能造成阻尼器密封件破坏，影响阻尼器使用寿命，因此及时清扫阻尼器表面的灰尘和垃圾等附着物是确保阻尼器功能的主要工作。

**8.7.3** 塔梁阻尼器的预防养护应以耐久性防护为主要内容，宜结合桥梁检查的结果，并应符合下列规定：
1 对各连接件销轴处及活塞镀铬外表面涂抹适量的油脂，每年不少于1次。
2 对连接件及阻尼器涂层劣化、破损、锈蚀部分重新涂装。
3 对容易遭受污染、积灰的阻尼器，应增设防尘罩。

**8.7.4** 塔梁阻尼器出现下列情况时，应进行修复养护：
1 每次定期检查结束后，发现存在功能缺陷的阻尼器。
2 发生地震、台风等突发事件后，出现存在功能缺陷的阻尼器。
3 阻尼器和连接件出现涂层起皮、剥落等病害。
4 阻尼器发生严重漏油、活塞镀层脱落、锈蚀等情况。
5 连接锚栓存在缺失、锈蚀、断裂或松动，连接件变形或局部开裂等情况。
6 连接部位混凝土出现破损、开裂等病害。

**条文说明**

1 定期检查发现存在影响阻尼器功能发挥的缺陷，日常养护难以维修或维修不全面，通常做法是在定期检查后集中安排一次全面修复。

2 安装有阻尼器的缆索结构体系桥梁，在遭遇地震、台风等突发自然灾害后，可能会损伤阻尼器。为了保证阻尼器在遭遇突发状况后能够正常工作，在事后要及时对阻尼器及其连接件进行检查，检查阻尼器外观有无变形、工作行程是否满足设计要求、连接件是否开裂、锚固螺栓是否松动和断裂等。如出现上述病害，则要立即对阻尼器或其连接部件进行修复。

**8.7.5** 塔梁阻尼器的修复养护应符合下列规定：
1 应及时更换剪断的锚栓，紧固松动的锚栓。
2 应保证阻尼器及其连接件使用寿命。
3 应及时修复连接件部位的混凝土和钢结构缺陷，保证连接的安全可靠。
4 阻尼器主体损坏或现场不能恢复正常工作状态，应对阻尼器进行更换。

条文说明

阻尼器在使用过程中，一直处于伸缩状态，长时间运动可能会造成阻尼器连接件锚固螺栓松动，严重者可能造成锚固螺栓疲劳断裂、脱落和阻尼器损坏。阻尼器长期使用后漏油现象较普遍，主要是部分密封件老化，一般需要返厂更换老化部件，维修后才能继续使用，现场难以处理。

**8.7.6** 塔梁阻尼器更换和增设应符合下列规定：
1 阻尼器损坏或无法修复时应进行更换，更换的阻尼器性能应不低于原设计。确因原设计选型不合理导致阻尼器损坏的，可根据计算分析和论证确定新的阻尼器性能。
2 结构抗震性能或者结构振动幅度不满足现行规范要求时，应增设阻尼器。阻尼器参数应依据计算分析和论证确定。
3 增设的阻尼器与结构连接部位结构强度、刚度应满足最大阻尼力要求。

条文说明

当桥梁场地地震设防烈度等级提高造成桥梁抗震性能不能满足规范要求，或者桥址处风环境改变造成桥梁振动幅值过大时，需要对结构减振措施进行专项论证，来确定增设阻尼器数量和参数。增设的阻尼器常安装在塔梁、墩梁结合处，通过验算连接部位的局部强度和刚度，来避免连接处产生破坏。

## 8.8 除湿系统

**8.8.1** 公路缆索结构体系桥梁的除湿系统应处于功能完好和安全可靠的状况。

条文说明

公路缆索结构体系桥梁的除湿系统包括主梁箱内、塔内除湿系统，以及悬索桥主缆、锚室、索鞍内的空气干燥、除湿设备。

**8.8.2** 除湿系统日常养护应以系统保养为主要内容。宜结合机组的运行状况和使用环境，按产品设计使用说明书的要求周期性进行。

**条文说明**

调研表明,国内桥梁养护管理单位对除湿系统一般采用周期性保养的方式,并分为一般保养和定期保养:每 2~6 个月进行一次一般性保养,每 12 个月进行一次全面、详细的定期保养。除湿系统的检查与保养对机组长期良好地运行是有益的,检查与保养的频率取决于机组的操作状况和安装环境的好坏。如果所处理的空气含尘量较高,相对而言,保养工作就需要进行得较为频繁。保养程序和内容如表 8-1 所示。

表 8-1　除湿系统保养程序表

| 部　件 | 检查和保养程序 | |
| --- | --- | --- |
| | 一般保养:每 2~6 个月 | 定期保养:每 12 个月 |
| 处理空气和再生空气过滤器 | 清扫过滤器箱。如过滤器较脏,更换过滤器 | 清扫过滤器箱,更换过滤器 |
| 除湿机壳体 | 检查有无机械上的损伤。必要时,清扫设备的内部和外部 | 检查有无机械上的损伤。必要时,清扫设备的内部和外部 |
| 处理和再生风机 | 检查有无机械上的损伤。按要求清扫马达和风机的壳体 | 在马达壳体表面的冷却沟槽中的灰尘和杂物必须清除。检查马达的接线端子,确保接线不松动。检查风机和叶轮有无损伤。必要时,清扫叶轮 |
| 转轮驱动电机轴承 | 检查驱动皮带松紧,必要时调整松紧度 | 检查电机的接线端子是否松动。检查电机的接线端子,并确保接线没有松动。检查电机有无损伤和过热的迹象 |
| 转轮和转轮密封件 | 检查有无过热和堵塞的迹象。必要时,清除转轮表面的灰尘。检查密封件是否损伤或磨损 | 检查有无过热和堵塞的迹象。必要时,清除转轮表面的灰尘。可以用真空吸尘器,不宜用高压空气。检查密封件是否损伤或磨损 |
| 电控盘和接线 | 检查电控盘中的组件有无损伤和过热的现象 | 检查电控盘中的组件有无损伤和过热现象。检查电线接口的密封圈和电线端子是否牢固可靠。清除所有部件周围的灰尘和污物 |
| 再生加热器 | 清除滞留在加热器上的杂物和灰尘 | 检查所有电线,管道和控制器是否安全。清除滞留在加热器上的杂物和灰尘。检查所有的电器连接是否牢固可靠 |
| 风管连接 | 检查有无空气的泄漏和与设备的连接是否正常 | 检查有无空气的泄漏和与设备的连接是否正常。检查风管内部有无灰尘和机械上的损伤 |
| 湿控器或湿度控制器 | 不用检查 | 检查传感器的功能,有必要的话校准或者更换 |

**8.8.3**　除湿系统的修复养护应符合下列规定:

1　当设备停机、指示灯全部熄灭或故障报警灯亮起时,应进行修复。

2　系统工作正常,但结构内部湿度超过设计限值时,应进行修复。

3　养护人员应根据设备使用说明书,判断系统出现故障或无法正常除湿的原因。

系统的修复宜由专业人员或设备生产厂家进行。

**条文说明**

1 当故障灯闪亮或其他报警装置有动作时，要立即停机并查明原因，排除故障后方可重新启动除湿系统，强行开机将对除湿系统和设备造成严重后果。

2 大桥在养护中，需对钢箱梁、锚（鞍）室、钢索塔及主缆内温湿度进行监测。当发现内部相对湿度超过50%（某些桥梁会采用45%等其他限制）时，说明除湿系统出现问题，不能有效降低内部湿度。此时，要及时对系统进行维修，避免过高的湿度易引起钢材的腐蚀。

3 除湿系统控制盘上的LED（发光二极管）报警信号是设备发生故障的最初警报，此警报显示时，设备自动停止。根据厂家提供的故障定位表可以帮助非专业人员很容易地确认故障类型、排除故障。

## 8.9 阴极保护系统

**8.9.1** 公路缆索结构体系桥梁的阴极保护系统应处于功能完好和安全可靠的状况。

**8.9.2** 外加电流阴极保护系统的修复养护应符合下列规定：
1 系统保护组件、元件等发生机械损坏或失效时，应及时修复或进行更换。
2 系统应定期测试，发现系统出现故障时，应及时维修。
3 发现测试电位小于设计值时，应由专业人员进行检查评估，并进行系统维修。

**8.9.3** 牺牲阳极阴极保护系统的修复养护应符合下列规定：
1 发现阳极有脱落、连接件松动或输出电流异常时，应查明原因并及时采取维修措施。
2 阳极溶解消耗殆尽或保护电位不能达到预期数值时，应进行专项评估。

## 8.10 检修平台和通道

**8.10.1** 公路缆索结构体系桥梁检修平台和通道的养护应符合下列规定：
1 检修平台和通道应保持完整、清洁。
2 检修平台和通道应能正常运行，满足桥梁检查和养护需求。
3 检修平台和通道与结构应连接可靠，防止连接件失效。

**条文说明**

斜拉桥和悬索桥上通用的检修平台和通道包括塔内检修道、主塔配套电梯、主梁底部检修车、主梁内部检修车、通道与升降平台等。

**8.10.2** 检修车、电梯的养护应由具备相应资质的单位实施，并使其处于功能完好和安全可靠的状况。

**8.10.3** 检修平台和通道的日常养护应以清洁和保养为主要内容，并应符合下列规定：
1 检修通道、固定或移动平台清洁的频率每年不应少于1次。
2 检修通道、移动平台的滑动、转动部位每年应涂覆1次润滑油。结构定期检测后，应根据检测结果对表面缺陷及时进行维护性涂装。
3 主梁底部检修车应每年至少进行1次保养。
4 主梁内部检修车应每3年至少进行1次保养。
5 电梯应每年至少进行1次保养。
6 检查车和电梯应每3个月运行开动不少于1次。

条文说明
1 桥梁检修平台和通道为桥梁检查和养护维修提供安全接近的通道和作业空间，定期对其进行巡查和保养。每年清扫1次检修平台及通道的油污、垃圾，防止积水、积雪，使得各个部件完整清洁，保证检修道始终处于良好状态。
2 部分桥梁检修通道处于主体结构外侧，可能遭遇酸雨、鸟粪等腐蚀性污物附着，引起结构局部腐蚀，需要及时根据检测结果对局部腐蚀进行除锈和重新涂装。
6 调研表明，梁内外检查车一般由工字钢的下翼缘作为检查车轨道，车轮运行后，工字钢翼缘上的涂装被车轮破坏，长期不运行则轨道易锈蚀。已有多座桥发生过此事故，因此需增加运行次数。

**8.10.4** 检修平台和通道修复养护的时机应符合下列规定：
1 检修通道、固定或升降平台修复养护宜结合定期检查工作进行。钢构件连接部位出现涂层大面积脱落、锈蚀，连接螺栓锈蚀、松动，液压系统漏油等时，应立即进行修复。
2 发生地震、船撞、台风等突发事件后，应对检修通道、固定或升降平台进行检查，发现损伤应及时进行修复。

**8.10.5** 平台和通道不能够满足检查和养护需求时，宜进行改造或增设，并应符合下列规定：
1 检修平台和通道出现大面积损坏、老化，通过现场养护无法恢复原使用功能时，应对检修通道进行专项改造。
2 检修平台和通道应覆盖经常检查及定期检测的全部范围、需要经常维护的位置、需要定期更换部件的位置等。

3 钢制检修平台和通道等设计应符合现行《固定式钢梯及平台安全要求》（GB 4053）的规定。

4 增设平台和通道应不影响桥梁主体结构的功能和安全，与桥梁本体的连接设计应满足相关设计规范的要求。

**8.10.6** 为满足运营养护需求，在缆索结构体系桥梁的主梁下方或内部增设检修车时，应符合下列规定：

1 应对增设检修车的桥梁结构进行受力验算，确保桥梁结构安全。
2 为安装检查车而在桥上设置的预埋件不应对结构产生不利影响。
3 检查车的规格、尺寸、性能参数和安装应满足使用及桥下净空的要求。
4 梁底检修车应设置可靠防坠落构造。检修车的长期停放位置处，应设置驻车装置，防止轨道长期受力导致脱落。

**条文说明**

近年来，随着桥梁运营养护需求的提高，为全面检查桥梁结构技术状况、为养护维修工作提供操作平台，对桥梁主梁的检修车提出了新的要求。新建桥梁很多都在设计阶段考虑检修车的设置，而对服役期的桥梁，也有着新增检修车的需求。与新建桥梁不同，已通车桥梁增设检修车属于在原有结构上增加额外的设施，因此必须对桥梁结构进行验算，确保增加的桥梁检修车对桥梁结构受力和运营使用无显著影响后，方可进行增设。

## 8.11 结构健康监测系统

**8.11.1** 结构健康监测系统养护应符合下列规定：

1 硬件系统运转正常，系统采集、传输、存储、显示的桥梁监测数据质量符合监测使用要求。
2 软件系统运行正常，数据分析与应用功能满足设计目标要求。
3 系统配属各类防护系统、支持系统整洁、功能正常。
4 保持适宜的工作环境。

**条文说明**

公路斜拉桥、悬索桥一般均按要求安装有大型桥梁结构健康监测系统。作为高度精密的电子化系统，其使用寿命往往小于结构本体，如不能进行良好的维护，其使用效果多不理想。

4 桥梁健康监测系统大同小异，大致都可由传感系统、数据采集与传输系统、数据处理和控制系统及状态评估四大子系统组成。各子系统都包括规模不等的硬件系统，总体上各硬件在使用时要保持洁净和处于适宜的温、湿度，以确保系统无故障、长期有效运行。

**8.11.2** 结构健康监测系统的日常养护应以清洁与保养为主要内容，并宜符合下列规定：

1 处于室内环境硬件的清洁每年不少于2次。
2 处于室外环境硬件的清洁每年不少于4次。

**8.11.3** 应对结构健康监测系统硬件各子系统仪器设备、线路及其附属结构体表面的灰尘、污垢及积水等进行清除。

**8.11.4** 结构健康监测系统的保养应符合下列规定：

1 应更换达到设计工作寿命95%以上的设备。
2 应按规定对系统所含传感器进行定期检定校准。
3 软件系统应根据硬件系统的更换，做好对新旧监测数据的重新标定、衔接和更新。

**条文说明**

健康监测系统能正常发挥作用的基础在于正确采集结构的响应，为结构安全分析提供高质量的数据，因此系统保养的目标就是维持有效的使用功能。在保养过程中，对各类达到设计标定工作寿命的95%的设备进行更换，是为了避免设备突发失效，造成系统数据的中断。

**8.11.5** 结构健康监测系统的修复养护应符合下列规定：

1 数据异常时，应对传感器、采集仪、通信线路等进行检查，发现损坏应及时维修或更换。
2 发生火灾、地震、船撞等突发事件后，应对健康监测系统进行检查，发现硬件不能正常运行时应及时维修或更换。
3 防护系统老化、破损时，应及时维修或更换。
4 进行更换或升级的系统软硬件，其技术指标或性能不应低于原软硬件。

**8.11.6** 结构健康监测系统改造或增设应满足下列要求：

1 系统整体老化、无法正常持续运行，通过开发单位进行维护无法恢复原使用功能时，可对系统进行更新改造。
2 系统不能满足监测需求时，宜进行软、硬件子系统改造，更新或增加系统功能。

## 8.12 其他设施

**8.12.1** 公路缆索结构体系桥梁的其他设施包括供配电设施、防雷设施和管线支架等，其养护应符合下列规定：
1 各设施应保持完整、清洁。
2 各设施运转持续正常，处于功能完好和安全可靠的状况，作用效果达到设计要求。

**条文说明**

大部分缆索结构体系桥梁因照明、监测等需求配备供电设施，定期对供电设施进行维护保养，保证供电设施的正常工作。为避免缆索结构体系桥梁索塔遭遇雷击破坏，通常在索塔上设置防雷设施，定期对防雷设施的完整性和接地电阻进行检测，保证防雷设施的安全有效。此外，部分桥梁因管线需求安装支撑管线的支架，也需要定期对支架进行维护保养，保证支架的安全承载。

**8.12.2** 其他设施的日常养护应以清洁和保养为主要内容，并应符合下列规定：
1 各设施的清洁每年不少于1次。
2 供配电系统和防雷设施的养护应依照相关标准执行。

**8.12.3** 当其他设施出现下列情况时，应进行修复养护：
1 发生地震、船撞、台风等突发事件后，应对管道支架进行检查，发现损伤应及时进行修复。
2 发生雷电等突发事件后，应对供配电设施、防雷设施进行检查，如发现损伤应及时通知专业资质单位进行修复。

**8.12.4** 供配电设施和避雷装置的养护应由具有专业设施资质单位与人员进行维护。

**8.12.5** 管线支架的日常养护与修复养护应符合本规范第8.10节的要求。

**8.12.6** 其他设施改造或增设应符合下列规定：
1 管线支架出现大面积损坏、锈蚀，通过现场养护无法恢复原使用功能时，应对管线支架进行专项改造。
2 供配电设施老化无法正常使用或不能满足现在、将来的检查维护需求时，应对供配电设施进行改造或增设。
3 防雷设施要求不满足现行《桥梁防雷技术规范》（GB/T 31067）的要求时，应改造或增设防雷设施。

# 9 养护技术管理

## 9.1 一般规定

**9.1.1** 应按相关标准的要求加强公路缆索结构体系桥梁及附属设施的养护。桥梁跨越航道的，还应加强附属于桥梁的助航、防撞等设施的养护。

**9.1.2** 必须明确负责公路缆索结构体系桥梁养护技术管理工作的分管行政领导和具体技术人员，科学配置养护专业技术人员，构建人才培养机制，建立稳定、专业的养护技术团队。

**9.1.3** 应按单座桥梁和养护作业类别安排专项养护管理资金，按相关规定准确、及时掌握桥梁技术状况。

**9.1.4** 存在病害和安全隐患的，养护管理单位应及时委托专业机构提出维修加固方案或养护对策，通过相关审查后按规定程序组织实施。

**9.1.5** 应逐步提升公路缆索结构体系桥梁的机械化养护和快速维修能力，鼓励采用快速、便捷、耐久的技术，积极实施预防养护。

**9.1.6** 应利用现代信息技术，建立符合自身特点的养护信息化系统。

条文说明

养护信息化系统包括桥梁养护管理系统（BMMS）、结构健康监测系统（SHM）、桥梁信息模型系统（BIM）等。

## 9.2 养护工程质量

**9.2.1** 公路缆索结构体系桥梁养护工程完成后，其技术状况不应低于2类。

**9.2.2** 应针对性建立和完善养护工程质量管理体系。

**9.2.3** 养护工程质量技术管理应包括下列内容：

1 明确养护质量标准，评定养护工程质量。
2 提出保证养护质量的措施和手段，组织质量检查和抽验。
3 解决影响养护质量的问题。
4 进行养护质量控制，实施各项质量控制目标并满足标准、规范和图纸的要求。

**9.2.4** 养护质量管理的依据应包括下列内容：

1 技术规范。用于桥梁养护的材料、设施、设备及施工工艺，应符合现行标准或养护管理单位同意使用的其他技术规范及经批准的工程技术要求。
2 质量标准。应符合相关质量标准或养护管理单位同意使用的其他标准。
3 养护手册。养护工作除应符合相关标准的规定外，尚应遵循桥梁养护手册的相关要求。

**9.2.5** 公路缆索结构体系桥梁养护管理单位应在桥梁养护工程的前期工作、计划编制、工程设计、工程施工、工程验收等阶段加强质量管理，建立、健全养护工程质量管理制度，通过采取相关有效措施确保养护工程质量。

**条文说明**

《公路养护工程管理办法》（交公路发〔2018〕33号）规定了养护工程应当按照前期工作、计划编制、工程设计、工程施工、工程验收等程序组织实施。在前期工作阶段，养护需求分析应当根据检测和评定数据，按照相关标准规范、国家或者本地区养护规划，科学设定养护目标，合理筛选需要实施的养护工程；在计划编制阶段，地方各级交通运输主管部门、公路管理机构或公路经营管理单位应当根据年度养护资金规模、养护目标要求、项目库的储备更新情况，合理编制养护工程年度计划；在工程设计阶段，设计单位应当保证养护工程设计文件质量，做好设计交底，及时解决施工中出现的设计问题，并对设计质量负责；在工程施工阶段，公路桥梁管理机构、公路桥梁经营管理单位、养护施工单位应当建立、健全养护工程质量保证体系和检查管理制度，通过抽查、委托专业机构检查、自查等方式确保养护工程质量；养护工程具备验收条件后应当及时组织验收。根据养护工程实际合理确定工程质量缺陷责任期，并在工程合同中明确。养护工程质量缺陷责任期一般为6个月，最长不超过12个月。养护工程验收及质量缺陷责任期具体时限应当在养护合同中约定，并符合有关要求。在质量缺陷责任期内，发生施工质量问题的，施工单位应当履行保修义务，并对造成的损失承担赔偿责任。

**9.2.6** 公路缆索结构体系桥梁养护质量目标应符合本规范各章节规定的养护要求。

## 9.3 养护作业安全

**9.3.1** 养护作业人员应按有关规定佩戴安全帽、保险带，穿着反光服、救生衣。作业现场应根据相关规定要求设置明显标志和采取有效的安全措施，以保障作业人员和作业机械、作业机具与设备、通行车辆的安全。

**9.3.2** 养护作业应按现行《公路养护安全作业规程》（JTG H30）相关规定实施。

**9.3.3** 处于大雾、大雨、6级以上大风、洪水、冰雪等恶劣环境时，应暂停养护作业。

**条文说明**

本条所作指养护作业指正常条件下开展的养护工作，由于应急等特殊需要实施的养护作业，例如本规范第3.3.2条规定的情况等不属于本条约束范围。

**9.3.4** 公路缆索结构体系桥梁检查宜结合桥梁实际情况适当限制交通（含封闭应急车道），并应符合下列规定：
1 日常巡查、经常检查可不封闭交通。
2 定期检查可不限制或封闭交通。对于必须要限制或封闭交通的检查项目，宜选择车辆较少的时段短时间封闭或限制交通。
3 特殊检查应根据需要确定是否限制或封闭交通。

**9.3.5** 养护维修过程中，应根据需要确定是否限制或封闭交通。

**9.3.6** 检查、维修过程中，当需要限制或封闭交通时，应制订完善的方案，并根据国家或地方相关规定要求办理相关手续，提前向社会公众发布。

**9.3.7** 当采取限制交通或封闭交通措施时，应根据交通管理的相关要求，在适当的位置安放醒目的标志。

**条文说明**

9.3.2~9.3.7 对涉及桥面的养护作业，尽可能采取"分区进行、分区限制交通"的形式，减少对交通的干扰。

**9.3.8** 公路缆索结构体系桥梁结构密闭空间养护作业应符合下列规定：
1 进入箱梁、索塔及锚碇内部养护作业时，应办理相关手续并应向管理部门通报，监控部门记录备案后方可开灯进入。离开时应再向监控部门通报，确认箱梁、索塔及锚碇内部无其他作业人员后方可关闭进口人孔。

2 对箱梁、索塔及锚碇内部养护作业，每次作业应有3人以上同行，留其中1人在出口处守候，以便遇紧急情况时及时救援。

3 进行箱梁、索塔及锚碇内部养护作业时，应携带手电筒或其他光源等以及手机、对讲机等通信联络设备，确保内部照明和通信联络正常。养护人员作业时必须佩戴安全帽。

4 当结构内部温度过高时，不宜进入箱梁、索塔及锚碇内部实施长时间养护作业。

**条文说明**

由于缆索体系结构桥梁存在箱梁、索塔、锚碇等密闭环境，因此本条针对该特点规定了在封闭区域进行养护作业的要求和相关注意事项。

**9.3.9** 对检修通道，应确保通道设施及人员通行安全。

**9.3.10** 桥梁养护作业影响范围内，应布置养护作业控制区；对影响净高或净宽的养护作业，应布设限高或限宽标志。

**条文说明**

针对桥梁养护作业控制区的特点，《公路养护安全作业规程》（JTG H30—2015）规定了养护作业控制区布置除应符合有关规定外，尚应兼顾养护作业控制区桥梁养护作业特点、养护作业位置、作业影响范围等因素。

**9.3.11** 桥梁养护作业影响桥下通航净空时，应按有关规定办理相关审批手续后实施。

**9.3.12** 应在养护作业迎车方向或上、下游航道两端设置安全防护设施，水上作业人员应穿救生衣，夜间应设置警示信号。

**9.3.13** 应确保检修车、塔吊笼、电梯、桥检车等设施处于良好状态，由相关资质人员操作，载重不得超过设备容许值。超过6级风时，严禁使用检修车、塔吊笼与桥检车。

## 9.4 养护信息化

**9.4.1** 公路缆索结构体系桥梁养护管理系统的管理应符合下列规定：

1 应建立适合自身特点的养护管理系统，用以辅助养护工程师开展检查、养护与维修工作。
2 养护管理系统应具有数据存储、查询、评估和辅助决策的功能。
3 养护管理系统的数据格式、接口应便于各同类系统间数据的互联互通。
4 养护管理单位应安排系统工程师负责养护管理系统的日常维护工作。
5 桥梁评估工作宜结合养护管理系统进行。
6 宜应用BIM等技术搭建养护管理平台，辅助养护决策，逐步有序推进养护信息数字化管理，提升管理水平。

**条文说明**

《公路桥梁养护管理工作制度》中规定，对于特别重要的特大桥，应建立符合自身特点的养护管理系统和健康监测系统。《交通运输部关于进一步加强公路桥梁养护管理的若干意见》中规定，特大、特殊结构和特别重要桥梁的养护管理单位，要利用现代信息技术，建立符合自身特点的养护管理系统和健康监测系统。《公路长大桥隧养护管理和安全运行若干规定》中规定，长大桥隧经营管理单位应针对长大桥隧自身特点和技术要求编制养护技术手册，建立养护管理信息系统，全面及时记录长大桥隧检查和养护管理等有关情况。公路缆索结构体系桥梁的管理比较复杂，因此本规范引入桥梁养护管理系统，来辅助养护人员对桥梁进行更为高效的管理。

桥梁养护管理系统是协助公路缆索结构体系桥梁管理部门对桥梁进行养护规范化管理和决策分析的有效工具，实现对桥梁资产各项数据信息的全面综合管理和多维分析，辅助管理者科学、高效地进行决策分析。

**9.4.2** 公路缆索结构体系桥梁健康监测系统的管理应符合下列规定：
1 宜建立健康监测系统与桥梁养护管理系统的紧密协同。
2 健康监测系统的设计实施应遵循"技术先进、稳定可靠、经济易用、便于维护、可更换可扩展"原则，对主梁挠度、塔梁变形、关键截面应变（疲劳）、斜拉索索力、塔梁关键裂缝、结构振动等重要静、动力参数进行监测，结合风力、温湿度、车辆荷载等外部环境要素监测结果，综合分析、评估桥梁重要指标的状态，通过设置合理的阈值实现分级预警，并对桥梁养护管理提出科学的决策建议。
3 养护管理单位应配备符合条件的桥梁和机电专业人员进行健康监测系统的日常管理与使用，应保证健康监测系统技术人员相对稳定。
4 桥梁养护管理部门技术力量不足时，宜委托有技术能力的专业单位协助管理。

**条文说明**

本条对健康监测系统的监测原则、监测项目、监测人员方面进行了基本的规定，便于管理（养护）单位对健康监测系统的设施进行统筹考虑。

《公路长大桥隧养护管理和安全运行若干规定》中规定，长大桥隧经营管理单位应逐步建立长大桥隧结构监测体系，设置专人或委托专业机构对桥隧的结构状态和各类外部荷载作用下的响应情况进行监测，及时掌握长大桥隧的结构运行状况。因此，公路缆索结构体系桥梁养护部门要定期组织对桥梁监测状况的分析，掌握桥梁结构状况，通过对桥梁病害成因、机理和变化规律进行动态分析研究，结合历史监测、检测数据分析，对桥梁安全与运营状况作出科学预测，为桥梁养护维修及加固改造决策提供科学依据。

健康监测系统技术负责人要了解桥梁结构理论、计算机应用技术、传感技术、数据传输技术等知识，能够独立解决系统运行过程中的常见故障，能够组织不同专业的人员来维持健康监测系统的正常运营、利用健康监测系统来服务于桥梁的具体养护工作。同时，负责人要具有3年以上桥梁健康监测方面的工作经验，并具有工程师或以上技术职称。

## 9.5 养护档案

**9.5.1** 养护管理单位应针对公路缆索结构体系桥梁自身特点和技术要求编制养护技术手册，建立养护管理信息系统，全面及时记录桥梁检查和养护管理等有关情况。

**9.5.2** 养护管理单位应按"一桥一档"建立桥梁技术档案，内容应包括桥梁基本情况、管理资料、各类检查资料与记录、技术状况与适应性评定等级、维修加固等以及其他归档制度要求的资料，应满足内容完整、归档及时、使用方便的要求。宜建立符合自身特点的电子档案管理系统。

**9.5.3** 桥梁基本情况资料应包括下列内容：
1 桥梁设计施工图及竣工图，结构计算分析报告。
2 施工过程中的试验检测及科研资料。
3 工程事故处理资料。
4 施工全过程的结构位移和变形测试资料。
5 观测或监测点（部件）资料。
6 竣（交）工验收资料。
7 初始检查后形成的初始档案。

**9.5.4** 桥梁管理资料应包括养护管理单位、监管单位的基本资料，分管领导、养护技术负责人等的基本资料以及养护管理相关规章制度、手册、指南等。

**9.5.5** 桥梁检查资料应包括检查（试验）方案、检查（测）报告、照片及多媒体材料、检测单位（试验方）的资质证书（复印件）、业绩证明（复印件）以及主要检测人员的资格证书（复印件）等。

**9.5.6** 桥梁维修养护资料应包括下列内容：

1 小修保养工程实施的技术资料和养护质量评定结果，以及工程实施的时间、组织、实施人员等。

2 桥梁的中修、大修加固工程的设计文件、竣工图纸、施工资料、监理资料、监控（监测）资料、质量事故处理报告、竣（交）工验收等技术资料，以及设计、施工、监理和监控（监测）等各方的资质证书（复印件）、业绩证明（复印件）及其主要检测人员的资格证书（复印件）等。

**9.5.7** 桥梁特殊情况资料应包括地质灾害、气象灾害、超限运输等特殊事件的具体情况、损害程度、应急措施、处治方案和结果等。

**9.5.8** 养护管理单位应根据相关规定，及时向有关交通运输主管部门或公路管理机构提供桥梁技术档案。

**条文说明**

9.5.1~9.5.8 技术档案管理作为公路缆索结构体系桥梁养护管理的重要组成部分，是桥梁状况可追溯性的前提，要予以高度重视。公路缆索结构体系桥梁技术档案的管理和归档，除执行本规范规定外，还要遵守国家和行业其他档案管理相关标准、规范的规定。

# 附录 A 桥梁基本状况卡片

表 A-1 桥梁基本状况卡片

| A | 桥梁所处行政区划代码 | | | | | |
|---|---|---|---|---|---|---|
| B | 行政识别数据 | | | | | |
| 1 | 路线编号 | 2 | 路线名称 | 3 | 路线技术等级 | |
| 4 | 桥梁编号 | 5 | 桥梁名称 | 6 | 桥位桩号 | |
| 7 | 功能类型 | 8 | 被跨越道路（通道）名称 | 9 | 被跨越道路（通道）桩号 | |
| 10 | 设计荷载 | 11 | 桥梁坡度 | 12 | 桥梁平曲线半径 | |
| 13 | 建成时间 | 14 | 设计单位 | 15 | 施工单位 | |
| 16 | 监理单位 | 17 | 业主单位 | 18 | 管养单位 | |
| C | 桥梁技术指标 | | | | | |
| 19 | 桥梁全长（m） | 20 | 桥面总宽（m） | 21 | 车道宽度（m） | |
| 22 | 人行道宽度（m） | 23 | 护栏或防撞栏高度（m） | 24 | 中央分隔带宽度（m） | |
| 25 | 桥面标准净空（m） | 26 | 桥面实际净空（m） | 27 | 桥下通航等级及标准净空（m） | |
| 28 | 桥下实际净空（m） | 29 | 引道总宽（m） | 30 | 引道线形或曲线半径（m） | |
| 31 | 设计洪水频率及其水位 | 32 | 历史洪水位 | 33 | 设计地震动峰值加速度系数 | |
| 34 | 桥面高程（m） | | | | | （根据测点设置列数） |
| D | 桥梁结构信息 | | | | | |
| 35 | 桥梁分孔（m） | | | | | [根据孔数（号）设置列数] |
| 36 | 结构体系 | | | | | （根据种类设置列数） |

续表 A-1

| | | | | |
|---|---|---|---|---|
| 37 | 上部结构形式与材料 | 主梁（加劲梁） | | |
| 38 | | 桥（索）塔 | | |
| 39 | | 主缆 | | |
| 40 | | 斜拉索（含索力） | | （根据索数设置列数） |
| 41 | | 吊杆（含索力） | | （根据吊杆数设置列数） |
| 42 | | 桥面铺装 | | |
| 43 | 桥面系形式与材料 | 伸缩装置 | | （根据孔数设置列数） |
| 44 | | 人行道、路缘 | | |
| 45 | | 栏杆、护栏 | | （根据部位不同设置列数） |
| 46 | | 桥台 | | （根据桥台数设置列数） |
| 47 | 下部结构形式与材料 | 桥墩 | | （根据桥墩数设置列数） |
| 48 | | 锥坡、护坡 | | |
| 49 | | 翼墙、耳墙 | | |
| 50 | 基础形式与材料 | 基础 | | |
| 51 | | 锚碇 | | [根据锚碇（梁）数设置列数] |
| 52 | | 支座 | | |
| 53 | 支座形式、材料与附属设施 | 桥梁防撞设施 | | |
| 54 | | 航标及排水系统 | | |
| 55 | | 调治构造物 | | |
| … | | … | | … |
| E | 桥梁档案资料 | | | |
| 56 | 设计图纸 | （全、不全或无） | 57 | 设计文件 | （全、不全或无） | 58 | 竣工图纸 | （全、不全或无） |
| 59 | 施工图文件（含施工缺陷处理） | （全、不全或无） | 60 | 验收文件 | （全、不全或无） | 61 | 行政审批文件 | （全、不全或无） |

续表 A-1

| 62 | 定期检查资料 | （全、不全或无） | （图纸、计算书、报告等） |
|---|---|---|---|
| 63 | 特殊检查资料 | （全、不全或无） | （纸质、电子文件） |
| 64 | 历次维修、加固资料 | （全、不全或无） | |
| 65 | 其他档案 | 69 | |
| 66 | 档案形式 | | |
| 67 | 建档时间 年/月 | | |

F 桥梁检测评定历史（根据需要设置行数）

| 评定时间 | 检测类别 | 桥梁技术状况评定结果/特殊检查结论 | 下次检测时间 |
|---|---|---|---|
| 68 | 69 | 70 | 72 |
| | | 处治对策 71 | |

G 养护处治记录（根据需要设置行数）

| 73 时间（段） | 74 处治类别（维修、加固、改造） | 75 处治原因 | 76 处治范围 | 77 工程费用（万元） | 78 经费来源 | 79 处治质量评定 | 80 建设单位 | 81 设计单位 | 82 施工单位 | 83 监理单位 |
|---|---|---|---|---|---|---|---|---|---|---|

H 需要说明的事项（含桥梁管养单位的变更情况）

84

I 其他

| 85 | 桥梁总体照片 | （照片） | 86 | 桥梁正面照片 | （照片） |
|---|---|---|---|---|---|
| 87 | 桥梁工程师 | | 88 填卡人 | 89 填卡日期 | 年 月 日 |

— 90 —

# 附录 B 规范性检查表格

表 B-1 桥梁初始检查记录表

| (公路管理机构名称) |||||||
|---|---|---|---|---|---|
| 1 路线编号 | | 2 路线名称 | | 3 桥位桩号 | |
| 4 桥梁编号 | | 5 桥梁名称 | | 6 被跨越道路（通道）名称 | |
| 7 被跨越道路（通道）桩号 | | 8 桥梁全长（m） | | 9 最大跨径（m） | |
| 10 上、下部结构形式 | |||||
| 11 桥梁分联及跨径组合 | |||||
| 12 桥梁施工方法 | |||||
| 13 新建桥梁在施工过程中的返工、维修或加固情况 | |||||
| 14 桥梁加固改造情况 | |||||
| 15 在用但缺乏档案资料的桥梁维修加固情况 | |||||
| 16 设计单位名称 | colspan 2 || 17 施工单位名称 | ||
| 18 管养单位名称 | colspan 2 || 19 交工时间（ 年 月 日） | ||
| 20 初始检查（ 年 月 日） | colspan 2 || 21 初始检查时的气候及环境温度 | ||
| 22 桥面高程 | |||||
| 23 主缆线形 | |||||
| 24 墩、台身、锚碇的高程 | |||||
| 25 墩、台身、索塔倾斜度 | |||||
| 26 索塔水平变位、高程 | |||||
| 27 悬索桥锚碇水平位移 | |||||
| 28 悬索桥索夹滑移及螺杆紧固力 | |||||

续表 B-1

| 29 | 主要承重构件尺寸 | | | |
|---|---|---|---|---|
| 30 | 材质强度 | | | |
| 31 | 钢筋保护层厚度 | | | |
| 32 | 钢结构涂层厚度 | | | |
| 33 | 吊杆或斜拉索索力 | | | |
| 34 | 索夹螺杆轴力 | | | |
| 35 | 水中基础表观状况 | | | |
| 36 | 伸缩装置状态及生产合格证 | | | |
| 37 | 支座状态及生产合格证 | | | |
| 38 | 静载试验结果 | | | |
| 39 | 动载试验结果 | | | |
| 40 | 记录人 | | 41 桥梁工程师姓名 | |
| 42 | 桥梁初始检查机构 | | | |

注：表中空格不够填写时可另附页。

### 表 B-2 桥梁巡查记录表

| 巡查日期： | | 年　　月　　日　　时　　分　　天气： | | |
|---|---|---|---|---|
| 巡查人员： | | | | |

| 巡查类别 | 项目 | 检查内容 | 检查情况 | 处理结果 |
|---|---|---|---|---|
| 日巡查 | 斜拉桥斜拉索 | 是否有明显扭曲、振动异常，外置阻尼器松脱、破损 | | |
| | 悬索桥主缆 | 是否有振动异常，线形最低点处渗、流水 | | |
| | 悬索桥吊杆（索、绳） | 是否有振动异常，减振架是否移动、滑落 | | |
| | 主梁 | 是否有线形异常、振动异常 | | |
| | 索塔 | 是否有大面积破损、明显倾斜与变形 | | |
| | 桥面铺装 | 是否有影响行车的明显病害或障碍物 | | |
| | 伸缩装置 | 是否有填塞、破损，型钢或梳齿断裂，过车异响和明显跳车 | | |
| | 桥面排水 | 是否有桥面积水（下雨天重点检查） | | |
| | 护栏/栏杆 | 是否完好 | | |
| | 交通标志、标线与轮廓标 | 是否清晰、完好 | | |
| | 照明系统 | 是否完好（灯杆竖直，灯具无缺失、稳固） | | |
| | 桥梁健康监测软件子系统 | 是否工作正常，有无预警信息 | | |
| | 机电系统（供配电、除湿、健康监测硬件子系统） | 是否工作运转正常 | | |
| 夜巡查 | 交通标志 | 是否夜晚发光或反光正常 | | |
| | 标线和轮廓标志 | 是否发光或反光正常 | | |
| | 照明系统 | 是否发光正常 | | |
| | 行车道 | 是否有影响行车的障碍物 | | |
| | 防眩设施 | 是否有效消除汽车前照灯夜间眩光 | | |

注：1. 本表将悬索桥和斜拉桥的所有构件合并在一起，具体应用时根据桥型构件组成对表格中项目的构成进行删减。
2. 照片另附页。

表 B-3 桥梁经常检查记录表

| 管理单位： | | | | | | |
|---|---|---|---|---|---|---|
| 1 路线编号 | | 2 路线名称 | | 3 桥位桩号 | | |
| 4 桥梁编号 | | 5 桥梁名称 | | 6 养护单位 | | |
| 7 检查项目 | | 缺损类型 | | 缺损范围 | | 处治建议 |
| 8 主梁 | | | | | | |
| 9 桥（索）塔（可及部位） | | | | | | |
| 10 主缆（可及部位） | | | | | | |
| 11 斜拉索（可及部位） | | | | | | |
| 12 吊杆 | | | | | | |
| 13 桥面铺装 | | | | | | |
| 14 伸缩装置 | | | | | | |
| 15 人行道、路缘 | | | | | | |
| 16 栏杆、护栏 | | | | | | |
| 17 桥台及基础（含冲刷） | | | | | | |
| 18 桥墩及基础（含冲刷） | | | | | | |
| 19 锚碇（梁）（可及部位） | | | | | | |
| 20 支座（可及区域） | | | | | | |
| 21 锥坡、护坡 | | | | | | |
| 22 桥路结合（桥头搭板） | | | | | | |
| 23 航标、防撞设施 | | | | | | |
| 24 调治构造物 | | | | | | |
| 25 排水系统 | | | | | | |
| 26 减振装置 | | | | | | |
| 27 其他 | | | | | | |
| 28 负责人 | | 29 记录人 | | 30 检查日期 | | 年 月 日 |

注：1. 本表将悬索桥和斜拉桥的所有构件合并在一起，具体应用时根据桥型构件组成对表格中项目的构成进行删减。
  2. 照片另附页。

# 附录 C  悬索桥主缆的开缆检查方法

## C.1  一般规定

**C.1.1**  本方法适用于采用涂层体系防护的主缆进行内部技术状态的检查。

**条文说明**

　　主缆传统四元防护体系（钢丝镀锌＋腻子＋缠丝＋涂装）的方式虽然短期内有效但长期效果并不理想。通过防护体系老化、破损处进入内部的水分、施工期存留的水与冷凝水等共同在主缆内部形成一个封闭的湿热环境，当主缆钢丝的镀锌层消耗完后，钢丝就会发生锈蚀进而断丝。法国波尔多的 Aquitaine 悬索桥运营 12 年后，检测发现严重的钢丝腐蚀和断丝；瑞典的 H. gakusten 大桥运营 6 年后，跨中最低节段钢丝镀锌层已被消耗掉，且在主缆底部，钢丝和缠丝都出现了腐蚀；英国的 Forth 桥、Severn 桥和 Humber 桥等主缆内部已经腐蚀断丝，其中 Severn 桥运营 40 年后主缆钢丝锈蚀严重，多根钢丝断丝，导致主缆的强度严重损失，其下行主缆跨中部位有 50% 的钢丝严重腐蚀；美国的 Brooklyn 桥，通过打开主缆的缠丝，发现主缆内部存在严重的腐蚀和断丝，主缆承载力下降；缅甸 Myaung Mya 桥使用仅 22 年就发生断缆垮塌的严重事故。这些实例都说明，采用传统四元防护体系的主缆，如不进行定期的内部检查与及时维护，光凭外观检查和维护不能保证悬索桥达到设计使用寿命。目前，国内外关于悬索桥主缆内部检查和承载力评估的方法仅见于美国 2004 年的国家公路研究计划报告《Guidelines for Inspection and Strength Evaluation of Suspension Bridge Parallel Wire Cables》（NCHRP 534），国外有多座悬索桥的主缆按照 NCHRP 534 方法开展过相应的检测。2012 年美国联邦公路局根据 NCHRP 534 及相关应用经验出版了《Primer for the Inspection and Strength Evaluation of Suspension Bridge Cables》，作为推荐的悬索桥主缆检查和承载力评估的指南。我国自 1997 年建成虎门大桥起，修建了一批世界级的公路悬索桥，这些桥已有 20 年的使用历程，但进行主缆内部检查的只有少数几座，缺乏相关标准化方法的指引是一个重要因素。本规范鉴于我国悬索桥主缆内部检查的紧迫性，主要依据《Primer for the Inspection and Strength Evaluation of Suspension Bridge Cables》的规定并结合国内进行过内部检查的少数桥梁，如虎门大桥等的检查评估情况，制定本附录，以供悬索桥主缆内部检查参照。

**C.1.2** 采用干燥空气除湿系统防护的主缆,根据实际情况确有必要时,可按本方法执行。

**C.1.3** 进行内部检查的主缆,应在开缆处设立具备遮阳防雨功能的检查平台。

**条文说明**

开缆检查需要完全去除主缆的防护层。为避免外界水分从检查开口进入主缆内部且便于观察,设立具备一定防护功能的检查平台是必要的。

## C.2 主缆内部检查频率

**C.2.1** 主缆钢丝的腐蚀等级(图 C.2.1)分为下列 4 级:

1 Ⅰ级:钢丝表面存在锌氧化物的白点。
2 Ⅱ级:钢丝表面满布白色锌氧化物。
3 Ⅲ级:7.5~15cm 长度钢丝上棕色锈斑分布面积占比小于 30%。
4 Ⅳ级:棕色锈斑在钢丝表面普遍存在,7.5~15cm 长度钢丝上锈斑分布面积占比大于 30%。

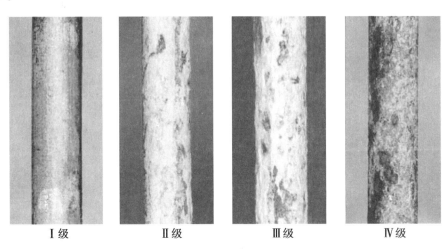

图 C.2.1 钢丝的腐蚀分级

**条文说明**

钢丝的Ⅱ级腐蚀布满白色锌氧化物并不表示锌层消耗殆尽,如锌耗完,钢丝表面呈现为暗灰或黑灰至黑色。研究显示 5%~20% 的Ⅲ级腐蚀钢丝和 60% 的Ⅳ级腐蚀钢丝存在裂纹。本附录钢丝腐蚀分级标准沿用 NCHRP 534,不适用本规范第 5.1.7 条对钢丝锈蚀的描述。

**C.2.2** 主缆内部检查的时间间隔应符合下列规定:

1 正常维护，表观状态良好的主缆，其首次内部检查的时间间隔最长可为建成运营后 20 年。

2 桥龄 10 年以上，养护过程中发现存在防护层破损（含索夹环缝密封损坏）、缠丝松弛、表面锈斑、表面鼓丝（锤击有空响）与内部渗水等现象的主缆，应尽早安排首次内部检查。

3 检查发现钢丝主要为 Ⅰ 级，则下次内部检查的时间间隔可为 15 年。

4 检查发现钢丝主要为 Ⅱ 级或 Ⅲ 级，则下次内部检查的时间间隔可为 10 年。

5 检查发现存在 Ⅳ 级钢丝，则下次内部检查的时间间隔最长可为 10 年。

6 检查发现存在断丝，则下次内部检查的时间间隔可为 5 年。

7 检查发现 Ⅳ 级钢丝数量超过总数的 10%，则下次内部检查的时间间隔应小于 5 年。

**条文说明**

主缆内部首次检查的时间间隔取决于主缆的表观防护保养好坏、使用年限、环境情况等多个因素。根据 NCHRP 534 对 31 座桥的调研结果，悬索桥主缆性能出现退化大约在通车运营 10 年之后，此后主缆钢丝的腐蚀发展速度几乎是线性加快的，因此后续检查的时间间隔基于主缆上次检查的钢丝腐蚀状态并结合退化发展速率，即同样条件下发展速率快的，要相应缩短检查间隔。但鉴于此方面相关数据和研究还偏少，同时考虑我国与欧美悬索桥发展历史与防护材料存在差异，本规范进行了适当的、偏安全的简化。对于检查结果主要为 Ⅰ、Ⅱ 与 Ⅲ 级的钢丝，分别允许最外层 25% 钢丝为更低一级别的钢丝，即 Ⅱ、Ⅲ 与 Ⅳ 级钢丝。

## C.3 主缆内部检查部位

**C.3.1** 对主缆内部检查位置的选择应首先考虑检查间隔期间发现的主缆表观缺陷与其内部恶化高度关联的位置。

**条文说明**

与主缆内部恶化高度关联的表观缺陷主要包括缠丝松弛、表面锈斑、表面鼓丝（锤击有空响）、索夹环缝密封不严与内部渗水。存在这些表观缺陷的位置，其内部钢丝腐蚀、失效的概率较高，故要优先进行检查。另外如主缆安装有声发射监测系统的，该系统识别的断丝位置也要作为内部检查的位置。

**C.3.2** 主缆无严重表观缺陷时，其首次内部检查的桥纵向位置每缆应不少于图 C.3.2 所示的 3 处位置。

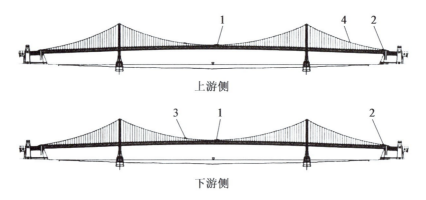

图 C.3.2　首次检查主缆位置

1-每缆主跨最低处；2-每缆边跨最低处或其附近；3-一侧主缆主跨最低点处向塔方向 $L/7 \sim L/3$ 处（$L$ 为主跨跨径）；4-另一侧主缆边跨最低点处向塔方向 $L/7 \sim L/3$ 处

**C.3.3**　主缆非首次内部检查的，桥纵向位置应按上次内部检查的情况及表观现状情况综合确定，并应满足下列要求：

1　对上次内部检查钢丝腐蚀等级为Ⅰ级或Ⅱ级的，检查间隔期间无严重表观缺陷，其内部检查的桥纵向位置每缆不少于3处，可为上次内部检查各点的附近点。

2　对上次内部检查钢丝腐蚀等级为Ⅲ级或Ⅳ级且深度范围不超过3层钢丝的，其内部检查的桥纵向位置每缆不少于6处，除第C.3.2条规定外，尚应选择主缆主、边跨最低点以上3处，存在表观缺陷的应优先选取。

3　对上次内部检查钢丝腐蚀等级为Ⅳ级且深度范围超过3层钢丝的，应选取1/5的主缆节段进行检查，其中主缆4个低点或低点附近点及2个近塔点为必选，其余各点在低点和塔附近点间随机选取。同时应最少拆除2个索夹，并检查索夹处的主缆钢丝。

**条文说明**

2　表观缺陷包括缠丝松散、表面滴水、局部鼓凸、敲击空响等。

3　本款低点数规定针对标准单跨双塔悬索桥，对多塔悬索桥要增加中跨跨中作为低点。

**C.3.4**　主缆内部检查节段间纵向开口长度应由表层、次表层钢丝采样要求及钢丝腐蚀等级来确定，不宜小于5m。钢丝腐蚀等级超过Ⅱ级时，开口应扩展到整个节段长度。

**C.3.5**　在主缆横截面上径向楔入检查应符合下列规定：

1　横截面基本楔入检查位置为图C.3.5中所示①、③、⑤和⑦等4处。

2　检查中发现存在Ⅲ级或Ⅳ级钢丝，横截面检查位置应扩展到8处，见图C.3.5 ①~⑧。

3　对直径大于60cm的主缆，宜在上述每个楔入位置间增加一处额外的楔入点。存在楔入断丝风险时，额外楔入位置的楔入深度可为1/2倍半径。

4 Ⅳ级钢丝径向范围超过1层钢丝或存在断丝时，楔入深度应到达主缆中心，对打开一个主缆节段仍然不可达到上述要求的，每缆允许拆除1个索夹。

5 主缆表面有损伤或怀疑有损伤的，宜选择为楔入位置。

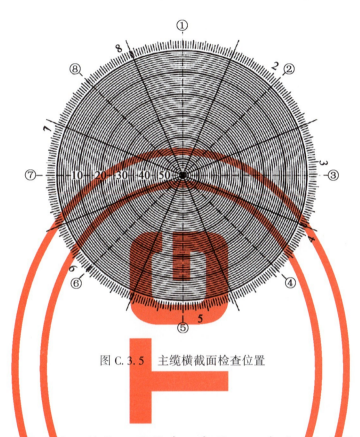

图 C.3.5 主缆横截面检查位置

**条文说明**

严重锈蚀、断丝时要尽可能楔入主缆中心部位，以准确确定损伤的径向范围。

## C.4 主缆内部检查方法

**C.4.1** 桥跨区主缆解除缠丝的主要步骤与要求为：

1 在解除缠丝前，应对主缆周长进行测量，测点应选节段两端索夹处（距离30cm处）、中间等3处。计算主缆空隙率，作为检查完成后主缆恢复时的依据。

2 解除缠丝时宜测量缠丝的应变变化量，作为恢复缠丝张力的依据。

3 解除缠丝后应清理主缆表面防锈腻子。

**C.4.2** 桥跨区主缆楔入的主要步骤与要求为：

1 从节段中部开始打入楔子，然后向着主缆索夹方向每隔1.2m打入1个楔子，先将所有楔子统一打入8cm，然后依次将所有楔子再打入8cm，直到达到主缆中心或事先设定的深度。

2 可使用液压楔辅助楔入。

3 宜用木质工具敲击主缆振落腻子，并用软毛刷清理。楔入前用吸尘器清理表面碎屑。为减少楔入期间产生的碎屑，可涂刷一些轻质无腐蚀性的油。

**条文说明**

1 楔子要避免楔入时与钢丝接触产生火花，故要采用青铜、橡木、岩枫木、或聚乙烯高分子材料等制作。楔子制作要求参见图 C-1。

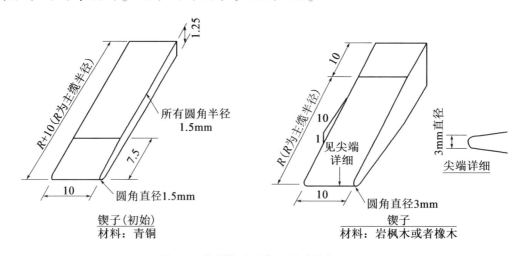

图 C-1 楔子构造示意（尺寸单位：cm）

对半径超过 0.3m 的主缆，非初始楔子斜面的斜率还可以更小一些，控制最大厚度不超过 60mm 即可。

**C.4.3** 桥跨区钢丝观察的主要步骤与要求为：

1 每个楔开的节段应检查至少 3 个位置，每个位置检查 1.8m 长，将被检查钢丝在 3 个位置中最高的腐蚀等级作为此节段该钢丝的腐蚀等级。

2 所有松散、断裂的钢丝都应找到断头，必要时应拆开索夹进行检查。

3 对需要进行承载力评估的主缆，在内部检查的基础上应对各种腐蚀级别的钢丝进行采样。

**条文说明**

根据相关研究，当主缆发现有大量钢丝松散或断裂情况时，断头大部分会在索夹内。记录楔入面钢丝的状态可以参考图 C-2。

**C.4.4** 桥跨区主缆恢复保护体系的主要步骤与要求为：

1 完成所有检测和样本采集后，主缆必须重新紧缆，主缆保护系统也必须重新更换。

2 主缆重新缠丝后的直径若超过解除缠丝前的主缆直径，则超出值应小于所用缠丝钢丝直径的 2 倍。

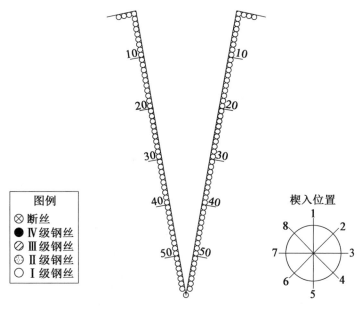

图 C-2 楔入检查记录示意图

**C.4.5** 鞍座区主缆内部检查应从鞍座顶部和端部观察钢丝保护层完好性与水分侵入情况。

**C.4.6** 对锚固区主缆内部检查，应至少在 1 个横向和 1 个竖向上分别对锚碇内的索股楔开进行检查，检测人员还可在破损最严重的地方设置更多的楔口，测量并记录腐蚀后钢丝的最小直径。

**条文说明**

锚室内的主缆索股没有外防护，和有防护层的桥跨段主缆钢丝的锈蚀机理有明显不同。锚室索股钢丝会呈现大面积的锈蚀和断面损失，而桥跨段钢丝多表现为钢丝脆断和蚀坑，很少有断面损失。另外，锚室内索股在最低点（锚固点）附近腐蚀较为严重，要重点关注。

# 本规范用词用语说明

1 本规范执行严格程度的用词,采用下列写法:

1)表示很严格,非这样做不可的用词,正面词采用"必须",反面词采用"严禁";

2)表示严格,在正常情况下均应这样做的用词,正面词采用"应",反面词采用"不应"或"不得";

3)表示允许稍有选择,在条件许可时首先应这样做的用词,正面词采用"宜",反面词采用"不宜";

4)表示有选择,在一定条件下可以这样做的用词,采用"可"。

2 引用有关标准的用语采用下列写法:

1)在规范总则中表述与相关标准的关系时,采用"除应符合本规范的规定外,尚应符合国家现行有关标准的规定"。

2)在规范条文及其他规定中,当引用的标准为国家和行业有关标准时,表述为"应符合《××××××》(×××)的有关规定"。

3)当引用本规范中的其他规定时,表述为"应符合本规范第×章的有关规定"、"应符合本规范第×.×节的有关规定"、"应符合本规范第×.×.×条的有关规定"或"应按本规范第×.×.×条的有关规定执行"。

# 现行公路工程行业标准一览表

(2022 年 1 月)

| 序号 | 板块 | 模块 | 现行编号 | 名　　　称 | 定价(元) |
|---|---|---|---|---|---|
| 1 | 总体 | 模块 | JTG 1001—2017 | 公路工程标准体系 | 20.00 |
| 2 | | | JTG A02—2013 | 公路工程行业标准制修订管理导则 | 15.00 |
| 3 | | | JTG A04—2013 | 公路工程标准编写导则 | 20.00 |
| 4 | 通用 | 基础 | JTG B01—2014 | 公路工程技术标准(活页夹版,11814) | 98.00 |
| | | | | 公路工程技术标准(平装版,11829) | 68.00 |
| 5 | | | JTG 2111—2019 | 小交通量农村公路工程技术标准(15327) | 50.00 |
| 6 | | | JTG/T 3311—2021 | 小交通量农村公路工程设计规范(17487) | 60.00 |
| 7 | | | JTG 2112—2021 | 城镇化地区公路工程技术标准(17752) | 50.00 |
| 8 | | | JTJ 002—87 | 公路工程名词术语(0346) | 22.00 |
| 9 | | | JTJ 003—86 | 公路自然区划标准(0348) | 16.00 |
| 10 | | | 建标〔2011〕124 号 | 公路工程项目建设用地指标(09402) | 36.00 |
| 11 | | | JTG 2120—2020 | 公路工程结构可靠性设计统一标准(16532) | 50.00 |
| 12 | | | JTG F80/1—2017 | 公路工程质量检验评定标准　第一册　土建工程(14472) | 90.00 |
| 13 | | | JTG 2182—2020 | 公路工程质量检验评定标准　第二册　机电工程(16987) | 60.00 |
| 14 | | 安全 | JTG B05—2015 | 公路项目安全性评价规范(12806) | 45.00 |
| 15 | | | JTG B05-01—2013 | 公路护栏安全性能评价标准(10992) | 30.00 |
| 16 | | | JTG B02—2013 | 公路工程抗震规范(11120) | 45.00 |
| 17 | | | JTG/T 2231-01—2020 | 公路桥梁抗震设计规范(16483) | 80.00 |
| 18 | | | JTG/T 2231-02—2021 | 公路桥梁抗震性能评价细则(16433) | 40.00 |
| 19 | | | JTG 2232—2019 | 公路隧道抗震设计规范(16131) | 60.00 |
| 20 | | | JTG F90—2015 | 公路工程施工安全技术规范(12138) | 68.00 |
| 21 | | 绿色 | JTG/T 2321—2021 | 公路工程利用建筑垃圾技术规范(17536) | 40.00 |
| 22 | | | JTG B03—2006 | 公路建设项目环境影响评价规范(13373) | 40.00 |
| 23 | | | JTG B04—2010 | 公路环境保护设计规范(08473) | 28.00 |
| 24 | | | JTG/T 2340—2020 | 公路工程节能规范(16115) | 30.00 |
| 25 | | 智慧 | JTG/T 2420—2021 | 公路工程信息模型应用统一标准(17181) | 50.00 |
| 26 | | | JTG/T 2421—2021 | 公路工程设计信息模型应用标准(17179) | 80.00 |
| 27 | | | JTG/T 2422—2021 | 公路工程施工信息模型应用标准(17180) | 70.00 |
| 28 | 建设 | 勘测 | JTG C10—2007 | 公路勘测规范(06570) | 40.00 |
| 29 | | | JTG/T C10—2007 | 公路勘测细则(06572) | 42.00 |
| 30 | | | JTG C20—2011 | 公路工程地质勘察规范(09507) | 65.00 |
| 31 | | | JTG/T C21-01—2005 | 公路工程地质遥感勘察规程(0839) | 17.00 |
| 32 | | | JTG/T C21-02—2014 | 公路工程卫星图像测绘技术规程(11540) | 25.00 |
| 33 | | | JTG/T 3222—2020 | 公路工程物探规程(16831) | 60.00 |
| 34 | | | JTG 3223—2021 | 公路工程地质原位测试规程(17325) | 100.00 |
| 35 | | | JTG C30—2015 | 公路工程水文勘测设计规范(12063) | 70.00 |
| 36 | | 设计 | JTG/T 3310—2019 | 公路工程混凝土结构耐久性设计规范(15635) | 50.00 |
| 37 | | | JTG D20—2017 | 公路路线设计规范(14301) | 80.00 |
| 38 | | | JTG/T D21—2014 | 公路立体交叉设计细则(11761) | 60.00 |
| 39 | | | JTG D30—2015 | 公路路基设计规范(12147) | 98.00 |
| 40 | | | JTG/T D31—2008 | 沙漠地区公路设计与施工指南(1206) | 32.00 |
| 41 | | | JTG/T D31-02—2013 | 公路软土地基路堤设计与施工技术细则(10449) | 40.00 |
| 42 | | | JTG/T D31-03—2011 | 采空区公路设计与施工技术细则(09181) | 40.00 |
| 43 | | | JTG/T D31-04—2012 | 多年冻土地区公路设计与施工技术细则(10260) | 40.00 |
| 44 | | | JTG/T D31-05—2017 | 黄土地区公路路基设计与施工技术细则(13994) | 50.00 |
| 45 | | | JTG/T D31-06—2017 | 季节性冻土地区公路设计与施工技术规范(13981) | 45.00 |
| 46 | | | JTG/T D32—2012 | 公路土工合成材料应用技术规范(09908) | 50.00 |
| 47 | | | JTG/T D33—2012 | 公路排水设计规范(10337) | 40.00 |
| 48 | | | JTG/T 3334—2018 | 公路滑坡防治设计规范(15178) | 55.00 |
| 49 | | | JTG D40—2011 | 公路水泥混凝土路面设计规范(09463) | 40.00 |
| 50 | | | JTG D50—2017 | 公路沥青路面设计规范(13760) | 50.00 |
| 51 | | | JTG/T 3350-03—2020 | 排水沥青路面设计与施工技术规范(16651) | 50.00 |
| 52 | | | JTG D60—2015 | 公路桥涵设计通用规范(12506) | 40.00 |
| 53 | | | JTG/T 3360-01—2018 | 公路桥梁抗风设计规范(15231) | 75.00 |
| 54 | | | JTG/T 3360-02—2020 | 公路桥梁抗撞设计规范(16435) | 40.00 |
| 55 | | | JTG/T 3360-03—2018 | 公路桥梁景观设计规范(14540) | 40.00 |
| 56 | | | JTG D61—2005 | 公路圬工桥涵设计规范(13355) | 30.00 |
| 57 | | | JTG 3362—2018 | 公路钢筋混凝土及预应力混凝土桥涵设计规范(14951) | 90.00 |
| 58 | | | JTG 3363—2019 | 公路桥涵地基与基础设计规范(16223) | 90.00 |
| 59 | | | JTG D64—2015 | 公路钢结构桥梁设计规范(12507) | 80.00 |
| 60 | | | JTG/T D64-01—2015 | 公路钢混组合桥梁设计与施工规范(12682) | 45.00 |
| 61 | | | JTG/T 3364-02—2019 | 公路钢桥面铺装设计与施工技术规范(15637) | 50.00 |
| 62 | | | JTG/T 3365-01—2020 | 公路斜拉桥设计规范(16365) | 50.00 |
| 63 | | | JTG/T 3365-02—2020 | 公路涵洞设计规范(16583) | 50.00 |
| 序号 | 板块 | 模块 | 现行编号 | 名　　　称 | 定价(元) |
| 64 | | | JTG/T D65-05—2015 | 公路悬索桥设计规范(12674) | 55.00 |
| 65 | | | JTG/T D65-06—2015 | 公路钢管混凝土拱桥设计规范(12514) | 40.00 |
| 66 | | | JTG 3370.1—2018 | 公路隧道设计规范　第一册　土建工程(14639) | 110.00 |
| 67 | | | JTG D70/2—2014 | 公路隧道设计规范　第二册　交通工程与附属设施(11543) | 50.00 |

| 序号 | 板块 | 模块 | 现行编号 | 名　　称 | 定价(元) |
|---|---|---|---|---|---|
| 68 | 建设 | 设计 | JTG/T D70—2010 | 公路隧道设计细则(08478) | 66.00 |
| 69 | | | JTG/T D70/2-01—2014 | 公路隧道照明设计细则(11541) | 35.00 |
| 70 | | | JTG/T D70/2-02—2014 | 公路隧道通风设计细则(11546) | 70.00 |
| 71 | | | JTG/T 3374—2020 | 公路瓦斯隧道设计与施工技术规范(16141) | 60.00 |
| 72 | | | JTG D80—2006 | 高速公路交通工程及沿线设施设计通用规范(0998) | 25.00 |
| 73 | | | JTG D81—2017 | 公路交通安全设施设计规范(14395) | 60.00 |
| 74 | | | JTG/T D81—2017 | 公路交通安全设施设计细则(14396) | 90.00 |
| 75 | | | JTG/T 3381-02—2020 | 公路限速标志设计规范(16696) | 40.00 |
| 76 | | | JTG D82—2009 | 公路交通标志和标线设置规范(07947) | 116.00 |
| 77 | | | JTG/T 3383-01—2020 | 公路通信及电力管道设计规范(16686) | 40.00 |
| 78 | | | JTG/T L11—2014 | 高速公路改扩建设计细则(11998) | 45.00 |
| 79 | | | JTG/T L80—2014 | 高速公路改扩建交通工程与沿线设施设计细则(11999) | 30.00 |
| 80 | | 试验 | JTG E20—2011 | 公路工程沥青及沥青混合料试验规程(09468) | 106.00 |
| 81 | | | JTG 3420—2020 | 公路工程水泥及水泥混凝土试验规程(16989) | 100.00 |
| 82 | | | JTG 3430—2020 | 公路土工试验规程(16828) | 120.00 |
| 83 | | | JTG E41—2005 | 公路工程岩石试验规程(13351) | 30.00 |
| 84 | | | JTG E42—2005 | 公路工程集料试验规程(13353) | 50.00 |
| 85 | | | JTG E50—2005 | 公路工程土工合成材料试验规程(13398) | 40.00 |
| 86 | | | JTG E51—2009 | 公路工程无机结合料稳定材料试验规程(08046) | 60.00 |
| 87 | | | JTG 3450—2019 | 公路路基路面现场测试规程(15830) | 90.00 |
| 88 | | 检测 | JTG/T 3520—2021 | 公路机电工程测试规程(17414) | 60.00 |
| 89 | | | JTG/T 3512—2020 | 公路工程基桩检测技术规程(16482) | 60.00 |
| 90 | | 施工 | JTG/T 3610—2019 | 公路路基施工技术规范(15769) | 80.00 |
| 91 | | | JTG/T F20—2015 | 公路路面基层施工技术细则(12367) | 45.00 |
| 92 | | | JTG/T F30—2014 | 公路水泥混凝土路面施工技术细则(11244) | 60.00 |
| 93 | | | JTG F40—2004 | 公路沥青路面施工技术规范(05328) | 50.00 |
| 94 | | | JTG/T 3650—2020 | 公路桥涵施工技术规范(16434) | 125.00 |
| 95 | | | JTG/T 3650-02—2019 | 特大跨径公路桥梁施工测量规范(15634) | 80.00 |
| 96 | | | JTG/T 3660—2020 | 公路隧道施工技术规范(16488) | 100.00 |
| 97 | | | JTG/T 3671—2021 | 公路交通安全设施施工技术规范(17000) | 50.00 |
| 98 | | | JTG/T F72—2011 | 公路隧道交通工程与附属设施施工技术规范(09509) | 35.00 |
| 99 | | 监理 | JTG G10—2016 | 公路工程施工监理规范(13275) | 40.00 |
| 100 | | 造价 | JTG 3810—2017 | 公路工程建设项目造价文件编制导则(14473) | 50.00 |
| 101 | | | JTG/T 3811—2020 | 公路工程施工定额测定与编制规程(16083) | 60.00 |
| 102 | | | JTG/T 3812—2020 | 公路工程建设项目造价数据标准(16836) | 100.00 |
| 103 | | | JTG 3820—2018 | 公路工程建设项目投资估算编制办法(14362) | 60.00 |
| 104 | | | JTG/T 3821—2018 | 公路工程估算指标(14363) | 120.00 |
| 105 | | | JTG 3830—2018 | 公路工程建设项目概算预算编制办法(14364) | 60.00 |
| 106 | | | JTG/T 3831—2018 | 公路工程概算定额(14365) | 270.00 |
| 107 | | | JTG/T 3832—2018 | 公路工程预算定额(14366) | 300.00 |
| 108 | | | JTG/T 3833—2018 | 公路工程机械台班费用定额(14367) | 50.00 |
| 109 | 养护 | 综合 | JTG H10—2009 | 公路养护技术规范(08071) | 60.00 |
| 110 | | | JTG 5120—2021 | 公路桥涵养护规范(17160) | 60.00 |
| 111 | | | JTG/T 5122—2021 | 公路缆索结构体系桥梁养护技术规范(17764) | 60.00 |
| 112 | | | JTG H12—2015 | 公路隧道养护技术规范(12062) | 60.00 |
| 113 | | | JTJ 073.1—2001 | 公路水泥混凝土路面养护技术规范(13658) | 20.00 |
| 114 | | | JTG 5142—2019 | 公路沥青路面养护技术规范(15612) | 60.00 |
| 115 | | | JTG/T 5142-01—2021 | 公路沥青路面预防养护技术规范(17578) | 50.00 |
| 116 | | | JTG/T 5150—2020 | 公路路基养护技术规范(16596) | 40.00 |
| 117 | | | JTG/T 5190—2019 | 农村公路养护技术规范(15430) | 30.00 |
| 118 | | 检测评价 | JTG 5210—2018 | 公路技术状况评定标准(15202) | 40.00 |
| 119 | | | JTG/T E61—2014 | 公路路面技术状况自动化检测规程(11830) | 25.00 |
| 120 | | | JTG/T H21—2011 | 公路桥梁技术状况评定标准(09324) | 46.00 |
| 121 | | | JTG/T J21—2011 | 公路桥梁承载能力检测评定规程(09480) | 20.00 |
| 122 | | | JTG/T J21-01—2015 | 公路桥梁荷载试验规程(12751) | 40.00 |
| 123 | | | JTG 5220—2020 | 公路养护工程质量检验评定标准 第一册 土建工程(16795) | 80.00 |
| 124 | | 养护设计 | JTG 5421—2018 | 公路沥青路面养护设计规范(15201) | 40.00 |
| 125 | | | JTG/T J22—2008 | 公路桥梁加固设计规范(07380) | 52.00 |
| 126 | | | JTG/T 5440—2018 | 公路隧道加固技术规范(15402) | 70.00 |
| 127 | | 养护施工 | JTG/T F31—2014 | 公路水泥混凝土路面再生利用技术细则(11360) | 30.00 |
| 128 | | | JTG/T 5521—2019 | 公路沥青路面再生技术规范(15839) | 60.00 |
| 129 | | | JTG/T J23—2008 | 公路桥梁加固施工技术规范(07378) | 40.00 |
| 130 | | | JTG H30—2015 | 公路养护安全作业规程(12234) | 90.00 |
| 131 | | 造价 | JTG 5610—2020 | 公路养护预算编制导则(16733) | 50.00 |
| 132 | | | JTG/T M72-01—2017 | 公路隧道养护工程预算定额(14189) | 60.00 |
| 133 | | | JTG/T 5612—2020 | 公路桥梁养护工程预算定额(16855) | 50.00 |
| 134 | | | JTG/T 5640—2020 | 农村公路养护预算编制办法(16302) | 70.00 |
| 135 | 运营 | 收费服务 | JTG/T 6303.1—2017 | 收费公路移动支付技术规范 第一册 停车移动支付(14380) | 20.00 |
| 136 | | | JTG B10-01—2014 | 公路电子不停车收费联网运营和服务规范(11566) | 30.00 |

注:JTG——公路工程行业标准;JTG/T——公路工程行业推荐性标准。销售电话:010-85285659;业务咨询电话:010-85285922/30。